INCOMPARABLE

INCOMPARABLE

50 días con JESÚS

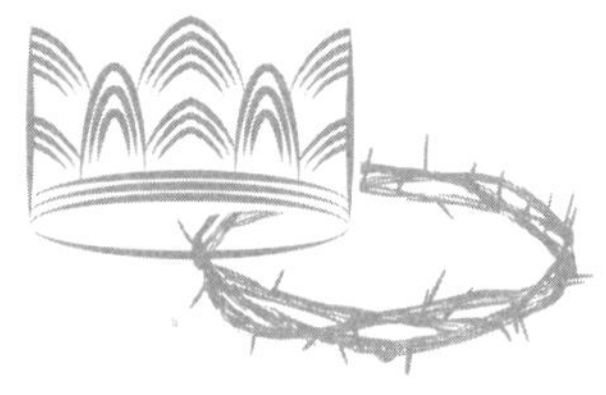

NANCY DEMOSS
WOLGEMUTH

EDITORIAL
PORTAVOZ

La misión de *Editorial Portavoz* consiste en desarrollar y distribuir productos de calidad —con integridad y excelencia—, desde una perspectiva bíblica y confiable, que animen a las personas a conocer y servir a Jesucristo.

This book was first published in the United States by Moody Publishers with the title *Incomparable*, copyright ©2024 by Nancy DeMoss Wolgemuth. Translated by permission.

Este libro fue publicado por primera vez en Estados Unidos por Moody Publishers con el título *Incomparable*, copyright ©2024 por Nancy DeMoss Wolgemuth. Traducido con permiso.

Este libro se basa en la serie de Revive Our Hearts "The Incomparable Christ" impartida por Nancy DeMoss Wolgemuth.

Traducción: Nohra Bernal

Las cursivas en el texto bíblico son énfasis de la autora.

EDITORIAL PORTAVOZ
2450 Oak Industrial Drive NE
Grand Rapids, MI 49505 USA
Visítenos en: www.portavoz.com

ISBN 978-0-8254-5083-9 (rústica)
ISBN 978-0-8254-6361-7 (Kindle)
ISBN 978-0-8254-6362-4 (epub)

2 3 4 5 edición / año 33 32 31 30 29 28 27 26 25

Impreso en China
Printed in China

Entre los hijos de los hombres
no hay mortal que se le compare;
más hermoso que el primor rebosante
del cortejo celeste en pleno es Él.
—Samuel Stennett (1727-1795)[1]

Te ruego: ¡Ven y abriga tu corazón en este fuego bendito!
¡Ven e inhala el precioso bálsamo de Jesucristo!
¡Ven y deléitate sobremanera bajo su sombra!
—Isaac Ambrose (1604-1664)[2]

Por tanto, nosotros todos, mirando a cara descubierta
como en un espejo la gloria del Señor,
somos transformados de gloria en gloria
en la misma imagen.
—2 Corintios 3:18

Contenido

Introducción

[Jesús] preguntó a sus discípulos, diciéndoles: ¿Quién dicen los hombres que soy yo?... Y vosotros, ¿quién decís que soy?

—Marcos 8:27, 29

Todo el mundo tiene una opinión acerca de Jesús. Eso quedó claro cuando Jesús mismo, estando aquí en la tierra, preguntó a sus seguidores más cercanos lo que habían oído a las multitudes decir acerca de Él. Ellos refirieron un sinnúmero de respuestas, tal y como la gente hace hoy día. Muchos incrédulos reconocerán que Jesús fue un buen hombre, un filósofo sabio, un ejemplo moral, un gran maestro. Otros, por supuesto, insistirán en que fue un fraude, un fanático. Algunos creen que sus palabras e influencia constituyen una amenaza para la sociedad moderna. Al parecer, la mayoría lo asocia con varios personajes que según la historia y la tradición son fundadores de las religiones del mundo.

"Y vosotros", preguntó Jesús a sus discípulos, en un tono más directo y personal, "¿quién *decís* que soy?". Eso es lo que Jesús quería oír realmente.

Es una pregunta que todos debemos responder, tarde o temprano: "¿Quién dices tú que es Jesús?". Simplemente, no hay escapatoria. Y sea cual sea tu respuesta, acarrea serias consecuencias para tu vida y para tu futuro. De modo que es preciso basarla en más que conjeturas o conocimiento común. Debe contener más que simple jerga cristiana.

Tu respuesta debe basarse en la verdad. La verdad que nos ha sido revelada. La verdad que ha pasado la prueba del tiempo y ha soportado el odio, la burla y toda la confusión de la humanidad, para seguir señalando una sola conclusión razonable: Jesús es *incomparable.*

No hay nadie como Él.

Solo Él es Dios encarnado. Solo Él murió por los pecados del mundo. Solo Él resucitó de los muertos para jamás volver a morir.

Es una pregunta que todos debemos responder, tarde o temprano: "¿Quién dices tú que es Jesús?". Simplemente, no hay escapatoria.

En un plano más personal, solo Jesús es poderoso para salvarnos de la sentencia de muerte que merecemos justamente. Solo Él es poderoso para santificarnos, transformarnos, hacernos santos y librarnos de nuestra culpa delante de Dios. Solo Él es poderoso para satisfacer nuestra alma sedienta, darnos descanso y fortalecernos cuando nos cansamos de luchar. Y solo Él, lejos de dejarnos batallando con nuestra incapacidad para agradar al Padre, vive eternamente para ayudarnos, para facultarnos, para defendernos de los ataques y las acusaciones que combaten contra nuestra alma, las cuales amenazan nuestras familias, frenan nuestro progreso y confunden nuestras decisiones.

Jesús sigue ahí. Y Jesús es poderoso hasta hoy.

Porque Jesús es incomparable.

"Nadie más posee sus credenciales", escribió el teólogo John Stott. "Podemos hablar de Alejandro Magno, de Carlomagno o de Napoleón el Grande, pero no de Jesús el Grande. Él no es el Grande. Él es el Único".[3]

Con esa verdad en mente, te invito a redescubrir conmigo (o descubrir por primera vez) el poder que encierra. Veremos juntos los sucesos de su vida terrenal, nacimiento, infancia, bautismo, tentación y más. Meditaremos en su deidad, su humanidad, sus enseñanzas, su humildad y su vida de oración, y las razones por las que todo eso, todo lo que tiene que ver con Él, es de importancia vital para cada uno de nosotros. Nos enfocaremos principalmente en las razones por las cuales fue juzgado, el propósito de su crucifixión, el significado de las últimas siete palabras que pronunció en la cruz y la manera en que nos ha bendecido con su resurrección, su regreso al Padre y su obra constante por nosotros desde el cielo mientras esperamos su Segunda Venida.

Quiero que al término de este recorrido sepas con precisión quién es Jesús, quién dices *tú* que es Jesús, conforme a lo que la Palabra dice que Él es.

* * *

Al igual que muchos creyentes, cada año aprovecho las semanas anteriores a la Pascua como una oportunidad para concentrar mi atención en la persona de Jesús y en las razones por las que vino a la tierra. Para la ocasión, acostumbro a seleccionar un libro diferente acerca de la vida y la obra de Cristo para leer en mi tiempo diario de meditación.

Uno de mis títulos predilectos es *Cristo, el incomparable,* escrito originalmente en inglés por un prolífico autor neozelandés del siglo XX, misionero y estadista, llamado J. Oswald Sanders. El entendimiento que me ha aportado la lectura de este libro maravilloso inspiró años atrás una de mis series de enseñanza y, finalmente, el libro que tienes en tus manos. De hecho, el índice de este libro refleja la estructura del tesoro clásico de Sanders.[4]

No me disculpo por el hecho de vincular así la obra de otro autor. De hecho, espero aprovechar la rica influencia de los escritos de Sanders en mi vida para inspirarte a que contemples la belleza eterna de Jesús.

Las cincuenta lecturas de este libro pueden usarse como complemento devocional durante las seis semanas que culminan en el domingo de resurrección (Pascua) y continuar en la semana posterior a la Pascua. Son *cincuenta días* con Jesús.

Si estás leyendo este libro en los primeros meses del año, me permito sugerir que consideres incluirlo como una guía de preparación para la Pascua. Está organizado en cincuenta lecturas, *cincuenta días* con Jesús, lo cual significa que puedes usarlo como un complemento devocional durante las seis semanas que culminan en el domingo de resurrección y continuarlo en la semana posterior a la Pascua. (Esto funciona si cuentas seis semanas antes del día de Pascua para empezar ese domingo).

Sin embargo, este libro no se limita a ese uso ni a esa temporada particular del año. Espero que el libro te acerque al Señor en cualquier momento del año y al ritmo que prefieras leerlo.

Si bien es siempre valioso e importante aprender más acerca de Jesús, tanto en la Pascua como en cualquier momento del año, la verdadera razón por la que necesitamos conocerlo a Él es para que lo amemos, adoremos, confiemos en Él y lo obedezcamos, así como para que lo demos a conocer a otros, esparciendo "en todo lugar el olor de su conocimiento" (2 Co. 2:14).

Hay una certeza que es indiscutible: Cuanto más lo conozcas, más te darás cuenta de que Él es, en verdad... *Incomparable*.

Primera parte

LA PERSONA DE CRISTO

Desearía poder describírtelo, pero Él es indescriptible…
Es incomprensible. Es invencible. Es irresistible.
Entiende, pues, que incapaces de contenerlo
son los cielos de los cielos,
mucho menos pueden los hombres explicarlo.

—S. M. LOCKRIDGE[5]

Día 1

Una persona perfecta

La perfección moral de Cristo

"Bien lo ha hecho todo".

—MARCOS 7:37

¿Por dónde empezar? Para dar inicio a un libro acerca de Jesús, las opciones son realmente ilimitadas. Podríamos empezar antes del tiempo, la dimensión en la que Él ha existido por la eternidad, el Creador no creado. Podríamos empezar en un establo en Belén, donde el Hacedor del universo estuvo dispuesto a rebajarse y habitar en el planeta Tierra. Podríamos empezar con los sucesos que culminaron en lo que conocemos ahora como la Pascua, mediante la cual su propósito de venir aquí se cumplió plenamente y los seres humanos recibimos la esperanza inefable de vivir para siempre con Él.

Sin embargo, creo que ahora mismo conviene que simplemente retrocedamos y tratemos de contemplar la realidad completa de Jesús. Su absoluta belleza. Su verdadera perfección.

Él es, en todo, el ideal supremo.

Esta declaración sobresale delante de nuestros ojos más claramente cuando tenemos en cuenta lo lejos que estamos de ser, nosotros mismos, un ideal. No somos un ideal *físico*. No somos un ideal *espiritual*. No somos un ideal *moral*. Por mucho que nos esforcemos y por bienintencionados que seamos, seguimos siendo pecadores, infractores reincidentes que necesitan con urgencia un Salvador.

Desearíamos que no fuera así. *Tratamos* de que no sea así. Sentimos el impulso interior de hacer más y más. De ser diferentes. De ser mejores. Con todo, siempre nos quedamos cortos, como todos los demás. Las personas pueden tener fortalezas en ciertas áreas, tal vez incluso en varias. Aun nosotros tenemos puntos fuertes. Pero nadie tiene fortalezas en *todo*. Todos tenemos áreas débiles.

Así pues, detente y considera el hecho de que Jesús *no* tiene áreas débiles. Él es perfecto en todo.

Los autores que profetizaron acerca de Él en el Antiguo Testamento lo consideraron "el más hermoso de los hijos de los hombres" (Sal. 45:2). El Mesías de Israel, tal y como lo imaginaban bajo inspiración del Espíritu Santo, era un hombre perfecto, superior a todos los demás seres humanos.

Él no solo es bueno; *Él es perfecto.* Él no solo es suficiente; *Él es todo.*

Aun así, *conocerlo* en realidad cuando vino, pasar tiempo con Él y darse cuenta de que es verdaderamente perfecto en todo y que era imposible encontrar en Él algo en lo que no superara a todos... es una experiencia *incomparable.*

Eso no quiere decir que Jesús impresionara con su perfección física a todos los que lo conocían. El Nuevo Testamento no presenta evidencia de que Él fuera el equivalente de un modelo masculino en su época, aunque sin duda gozaba de la forma física por su oficio de carpintero. El profeta Isaías había declarado incluso del Mesías venidero:

> no hay parecer en él, ni hermosura; le veremos,
> mas sin atractivo para que le deseemos (Is. 53:2).

Aun así, Jesús atraía a las personas. No dudaban en seguirlo, porque sin importar su apariencia, su belleza era inconfundible. Él poseía cada gracia y cada virtud en tensión y equilibrio perfectos. Ninguna de ellas faltaba. Piensa en eso. Nunca hemos visto lo que es la perfección absoluta en una persona. La simetría perfecta entre lo interno y lo externo. La armonía perfecta de corazón y de carácter. Es casi imposible vislumbrar una perfección semejante. Pero la encontramos en Jesús.

Él no solo es bueno; *Él es perfecto.*

Él no solo es suficiente; *Él es todo.*

Jesús también guardó a la perfección la ley de Dios. Para estar seguros, tengamos claro lo que eso significa. Jesús no solo evitó cometer cada pecado en particular, lo cual ya es un logro que nos parece extraordinario a la luz de nuestras limitaciones, sino que su perfección sobrepasó la mera abstención. Él vivió de forma deliberada y eficaz la medida completa de la ley de Dios. Nada lo hizo como espectáculo. Todo lo que dijo e hizo fue con un motivo completamente puro. Él cumplió lo que manda la ley en cada momento de cada día, llegando incluso a cumplir el *espíritu* detrás de la ley.

Eso me lleva a pensar en el versículo memorable de Miqueas 6:

> Oh hombre, él te ha declarado lo que es bueno, y qué pide Jehová de ti: solamente hacer justicia, y amar misericordia, y humillarte ante tu Dios (v. 8).

Este versículo resume bellamente lo que nos exige la ley: justicia perfecta y amor perfecto expresados con humildad perfecta. Eso es precisamente lo que Jesús hizo cada segundo de su vida terrenal, y lo hizo a la perfección. Acerca de Él comentaban: "Bien lo ha hecho todo" (Mr. 7:37). No podían evitar darse cuenta.

Detengámonos también a admirar la perfección de Jesús.

Él no solo es bueno; *Él es perfecto.*

Él no solo es suficiente; *Él es todo.*

Él no solo es nuestro Salvador y Señor; *Él es nuestro tesoro inestimable.*

En Él tenemos lo más bello que podemos tener en el mundo, la más deseable posesión que puede existir, la relación más maravillosa que un ser humano puede gozar jamás con alguien.

Tener a Jesús es tener todo lo que necesitamos en el tiempo y en la eternidad.

John Flavel, pastor puritano del siglo XVII, invitó a sus oyentes en un sermón titulado "La absoluta hermosura de Cristo" a "mirar por doquier todo lo creado, examinar el universo".

> Observarán fuerza en uno, belleza en el segundo, fidelidad en un tercero, sabiduría en el cuarto; pero notarán que ninguno sobresale en todos los aspectos como Cristo. El pan tiene una cualidad; el agua, otra; el vestido, otra; la medicina, otra; pero ninguna posee todas las cualidades que posee Cristo. Él es pan para el hambriento, agua para el sediento, un manto para el desnudo, sanidad para el herido; y sea lo que sea que pueda desear un alma, lo encuentra en Él.[6]

Busca perfección en cualquier otra parte y nunca la encontrarás. Busca en cualquier otra persona un modelo de belleza perfecta y sin falta vas a decepcionarte. Busca en cualquier cosa o persona (tu cónyuge, tu casa, tu trabajo, tú mismo) la fuente de satisfacción absoluta, y aunque logres ver ciertas cualidades excelentes y admirables, también verás defectos que te recuerdan que nunca pueden ser todo lo que vas a necesitar.

En cambio, mira a Jesús y Él excederá todas tus esperanzas.

Mira a Jesús y Él sobrepasará tus expectativas.

Mira a Jesús y te encontrarás en presencia de la perfección absoluta.

¿Es Cristo tu tesoro más preciado? ¿Cuáles son algunas cualidades que más valoras en Él?

¿Cómo podría el hecho de concentrarte en la perfección de Jesús atenuar la decepción que experimentas con otros y contigo mismo?

Padre, las palabras se quedan cortas para expresar el asombro frente a la persona de Jesús. Él es hermoso, Él es bueno. Él es perfecto en todo. No tengo que buscar en ningún otro lugar, no tengo que perseguir nada más y a nadie más con la esperanza de quedar satisfecho. En Él tengo todo lo que necesito. Que mi vida refleje su belleza a un mundo que necesita con urgencia ver tu gloria y tu gracia.

AMÉN.

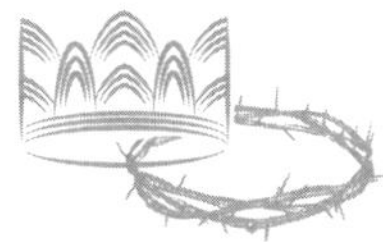

Día 2

Desde siempre

La preexistencia de Cristo

Y él es antes de todas las cosas,
y todas las cosas en él subsisten.
—COLOSENSES 1:17

Mi lista de lecturas pendientes incluye siempre al menos una biografía. Desde que era niña me han gustado las historias de vida y cuento con una amplia colección en mi biblioteca. La mayoría de las biografías que escojo presentan un personaje acerca del cual ya conozco algo, ya sea un misionero cristiano, una figura histórica, un servidor público o, simplemente, un individuo que ha logrado algo digno de mención.

Sin embargo, en la mayoría de los casos, la parte que menos conozco de los personajes es su trasfondo: de dónde vinieron, su familia de origen, las circunstancias que rodearon su nacimiento y la manera en que todo eso determinó el rumbo de sus vidas.

En lo que respecta a Jesús, Él rompió todo esquema biográfico. A pesar de todo el alboroto que armamos con su cumpleaños cada año (¡y así debe ser!), el suceso navideño no es donde empieza su historia.

Jesús vivía *antes* de nacer.

Detente y medita en cómo esa declaración define a Jesús como alguien incomparable. Su existencia no empezó con su concepción milagrosa y su nacimiento en un establo. De hecho, la misma historia de la Navidad alude a su anterior existencia. Mucho antes de que cantáramos: "Oh aldehuela de Belén" en la víspera de la Navidad, el profeta Miqueas anunció que de esa población insignificante iba a salir un "Señor en Israel". Pero, aunque este Señor iba a *nacer* allí, no iba a *venir* de allí, porque

> … sus salidas son desde el principio, desde los días de la eternidad (Mi. 5:2).

Para obtener otra pista, debemos regresar mucho antes en el Antiguo Testamento al capítulo 17 de Génesis que describe el pacto de Dios con Abraham. Después debemos adelantarnos al Evangelio de Juan, donde Jesús escandalizó a sus oponentes judíos del primer siglo diciendo: "Antes que Abraham fuese, yo soy" (Jn. 8:58).

Así es. No dijo "yo fui", sino *yo soy*. Jesús no solo desafió los límites de la cronología, sino también los límites de la gramática. Por eso Juan el Bautista, que nació a Elisabet seis meses antes que nació Jesús a María (ver Lc. 1:36), podía declarar que "el que viene *después* de mí, es *antes* de mí; porque era *primero que yo*" (Jn. 1:15). Asombroso.

En realidad, Jesús existió antes que *todo*. Nunca hubo un tiempo en que Él no existiera en toda su plenitud.

¿Qué sabemos, entonces, acerca de su vida antes de que viniera a la tierra? Si bien es en gran medida un misterio, sabemos que estaba "con Dios" y que "*era* Dios" (Jn. 1:1). Él tenía una relación personal y cercana con Dios y vivía "en el seno del Padre" (v. 18). Era eternamente uno e igual con el Padre y poseía toda la gloria del Padre (17:5).

¿Y qué hacía Él en la eternidad pasada? Un dato que sabemos es que llevaba a cabo su obra. En el misterio que nos es revelado como la Trinidad (Dios Padre, Dios Hijo, Dios Espíritu Santo), Jesús fue el Creador no creado de todo cuanto existe.

"Todas las cosas por él fueron hechas", dice Juan 1:3, "y sin él nada de lo que ha sido hecho, fue hecho". En su carta a los Colosenses, el apóstol Pablo contabiliza a qué se refiere con "todas las cosas":

> En él fueron creadas todas las cosas, las que hay en los cielos y las que hay en la tierra, visibles e invisibles; sean tronos, sean dominios, sean principados, sean potestades; todo fue creado por medio de él y para él (Col. 1:16).

Con todo, Jesús es más que el Creador. Él no solo hizo que el universo existiera y lo dejó ahí para que sobreviviera. Él fue, Él es y Él sigue siendo el Sustentador de nuestro mundo. Él ha tenido todo bajo control desde el principio y Él sostiene todo hasta hoy: Él "sustenta todas las cosas con la palabra de su poder" (He. 1:3).

A lo largo de toda la eternidad, Jesús fue un Dios gozoso. El Padre y el Hijo se deleitaban en gran manera el uno en el otro.

Proverbios 8 nos permite vislumbrar también la vida preexistente de Jesús. Este pasaje es una descripción personificada de la *sabiduría*. Las Escrituras nos dicen que Jesús es la "sabiduría de Dios" (1 Co 1:24). Estos versículos deslumbran con nueva luz cuando se leen bajo esa perspectiva:

> Cuando formaba los cielos, allí estaba yo;
> Cuando trazaba el círculo sobre la faz del abismo;
> Cuando afirmaba los cielos arriba,
> Cuando afirmaba las fuentes del abismo;
> Cuando ponía al mar su estatuto...
> Cuando establecía los fundamentos de la tierra,
> Con él estaba yo ordenándolo todo (Pr. 8:27-30).

¿No te parece hermosa esa imagen? Cuando Dios creó el mundo, Jesús estaba allí; no como un espectador pasivo, sino como quien obra de manera activa junto con su Padre, tal y como Él estaba presente cuando Dios estableció y puso en marcha el plan de salvación. Y mientras trabajaban juntos, lo hacían con gozo:

> Y era su delicia de día en día,
> Teniendo solaz delante de él en todo tiempo.
> Me regocijo en la parte habitable de su tierra;
> Y mis delicias son con los hijos de los hombres (vv. 30-31).

A lo largo de toda la eternidad, Jesús fue un Dios gozoso. El Padre y el Hijo se deleitaban en gran manera el uno en el otro. Y Jesús siempre se ha regocijado no solo en el mundo creado, sino en sus amados habitantes, "los hijos de los hombres" (Pr. 8:31), a quienes Él había creado para que habitaran en su mundo creado.

Tú.

Yo.

Nosotros.

Somos su deleite.

Ese es nuestro Jesús, Aquel que dijo a sus discípulos que los amó como el Padre lo ha amado (Jn. 15:9). ¿Por qué deseaba Él que ellos supieran eso? "Para que mi gozo esté en vosotros, y vuestro gozo sea cumplido" (v. 11), el gozo que Él había conocido con su Padre desde antes del principio del tiempo.

Y cuando el Hijo que existe desde la eternidad entró en la dimensión del tiempo, enviado por el Padre en una misión divina, vino para hacer que nosotros pudiéramos experimentar lo que Él había disfrutado por toda la eternidad.

¿En qué nos ayuda saber que Jesús se deleitó en la tierra y en los habitantes que creó a la hora de sentir la tristeza que experimentamos en este mundo roto?

¿Qué anticipo nos ofrece la preexistencia de Cristo antes del tiempo de lo que será la eternidad con Él para los que creen en Él?

Señor Jesús, te adoro, el Dios eterno y preexistente. Gracias por romper la barrera del tiempo y la eternidad para venir a nosotros, a fin de que podamos experimentar contigo el amor y el gozo que experimentaste con tu Padre. Eres para siempre incomparable.

AMÉN.

Día 3

Corpus de obra

La encarnación de Cristo

Y aquel Verbo fue hecho carne,
y habitó entre nosotros.
—JUAN 1:14

Hoy día nos asombra llegar de la tienda de víveres a casa y darnos cuenta de que no olvidamos nada de la lista. Nos asombra que en el último minuto del campeonato deportivo que veíamos por televisión haya una remontada de un equipo y cambie inesperadamente el marcador. Nos asombra que un paquete que pedimos por Internet haya llegado dos días antes de la fecha prevista de entrega.

Aun así, apenas si nos asombra todavía que el Hijo de Dios haya sido concebido en un vientre humano y haya nacido en este mundo como un ser humano. La historia es tan conocida que es fácil olvidar cuán extraordinaria es realmente. De modo que necesitamos ver con nuevos ojos lo que el teólogo Wayne Grudem denomina "el milagro más asombroso de toda la Biblia", más asombroso que la creación, incluso más asombroso que la resurrección. De hecho, Grudem escribe que "persistirá hasta la eternidad como el milagro más profundo y el misterio más profundo de todo el universo".[7]

Es otra razón por la cual Jesús es *incomparable.*

Así que asombrémonos de nuevo por él.

Por supuesto, nunca entenderemos completamente el razonamiento divino detrás del suceso denominado la *encarnación.* (La palabra viene de un término del latín que significa "hacer de carne; volverse carne"). ¿Por qué elegiría Jesús tomar nuestras debilidades, flaquezas y limitaciones humanas? Imagina ser omnipotente, todopoderoso y aun así requerir el cuidado parental de una madre y un padre. Imagina ser omnisciente y aun así necesitar aprender a caminar, ser la Palabra eterna de Dios y necesitar aprender a leer. Imagina haber creado los océanos y, sin embargo, sentir sed de agua. Imagina haber puesto a las estrellas en lo alto y aun así acostarse debajo de ellas en la noche.

¿Por qué hizo Jesús tal cosa? Él moraba en los lugares celestiales, en palacios celestiales. ¿Por qué se sometería a nacer en un establo prestado para el ganado? Él era el amado Hijo de Dios. ¿Por qué aceptaría convertirse en el rechazado Hijo del Hombre?

Estas son solo algunas preguntas imponderables, entre muchas otras que tienen que ver con la encarnación. El apóstol Juan lo describió de esta manera: "Y aquel Verbo fue hecho carne, y habitó entre nosotros" (Jn. 1:14). La palabra griega en este versículo que se traduce "habitó" significa literalmente "hizo tabernáculo". En otras palabras, Jesús "armó su tienda" entre nosotros.

- Lo infinito se hizo finito.
- Lo inmortal se hizo mortal.
- El Creador se hizo criatura.

Piensa en la humildad que supone ese intercambio. Jesús, el Hijo de Dios,

> ... se despojó a sí mismo... hecho semejante a los hombres (Fil. 2:7).

¿Por qué? Porque ya sea que lo entendamos o no (¡y no podemos!), solo humillándose a sí mismo en esa medida pudo salvarnos de nuestros pecados. No existía ninguna otra manera de lograrlo. Él "debía ser en todo semejante a sus hermanos, para venir a ser misericordioso y fiel sumo sacerdote en lo que a Dios se refiere, para expiar los pecados del pueblo" (He. 2:17).

Nos gustaría pensar que nuestra necesidad no es tan grave. Nos hemos acostumbrado a nuestros pecados; los combatimos, los excusamos, los confesamos, tratamos de no pensar en ellos; incluso es posible que los odiemos, y hemos encontrado alguna manera de seguir viviendo cerca de ellos. Sin embargo, esta familiaridad en nuestra relación con el pecado oculta la profundidad con la que ha envenenado nuestro corazón. Hemos provocado la ira santa de Dios a causa de nuestro pecado. No podemos limpiarnos de la culpa por nuestro pecado. El resultado inevitable es que todo pecador debe morir y estar separado para siempre de Dios, de todo lo bueno, de todo menos del castigo que merecemos justamente.

La encarnación de Jesús no es solo un suceso antiguo que ocurrió hace más de dos mil años. Esta maravilla de maravillas es una realidad muy presente.

Esto es, si no fuera por la encarnación. Ese es el único punto de inflexión.

Jesús tomó "carne y sangre", se hizo partícipe de nuestra experiencia humana, "para destruir por medio de la muerte al que tenía el imperio de la muerte, esto es, al diablo, y librar a todos los que por el temor de la muerte estaban durante toda la vida sujetos a servidumbre" (He. 2:14-15). Es decir, a todos nosotros.

Y ese es el *porqué* de la encarnación, simple y llanamente. Un sacrificio asombroso: "Cristo Jesús vino al mundo para salvar a los pecadores" (1 Ti. 1:15). Dicho en palabras que están grabadas en la memoria: "Porque de tal manera amó Dios al mundo, que ha dado a su Hijo unigénito, para que todo aquel que en él cree, no se pierda, mas tenga vida eterna" (Jn. 3:16). Necesitábamos lo que solo ese regalo podía darnos, así que Dios nos dio lo mejor que tenía:

- Jesús, que vivió una vida sin pecado
- Jesús, que obedeció perfectamente al Padre
- Jesús, que murió en nuestro lugar la muerte que nosotros merecíamos
- Jesús, que pagó por nuestro pecado

Y si eso no es asombroso, no sé qué pueda serlo.

Es lo bastante asombroso para que, al oírlo de nuevo, te pregunte: ¿Sientes cómo su Espíritu te mueve hoy como nunca antes? ¿Te inquieta a resolver con urgencia tu condición pecaminosa? ¿Te ha inspirado a entender que Jesús ha venido a rescatarte? ¿Ha acercado tu corazón a su corazón de amor y de gracia? Entonces, corre conmigo por la fe hacia la dirección de su perdón. Cree que lo que Él dijo es verdad y recibe lo que Él ha dicho que te pertenece.

Nadie más nos auxilia. Tenemos a Jesús o no tenemos nada. Tenemos este mundo con sus constantes desencantos y sus esporádicos estallidos de paz y felicidad pasajeros, o tenemos una experanza eterna, la gracia salvadora de Dios y la promesa de vida eterna.

Todo gracias a que Jesús vino y se hizo como uno de nosotros.

Y no olvidemos que la encarnación de Jesús no es solo un suceso antiguo que ocurrió hace más de dos mil años y que celebramos cada 25 de diciembre. Esta maravilla de maravillas es una realidad muy presente. El Dios que se hizo carne, que vino a morar entre nosotros, que fue crucificado, sepultado, que resucitó de los muertos y ascendió al cielo, está sentado hoy en su cuerpo humano glorificado a la diestra del Padre. Él sigue siendo el Dios-hombre, nuestro Abogado, que vive para interceder por nosotros delante del trono de Dios.

Jamás pierdas el asombro.

¿Qué cambiaría en tu vida sin la encarnación, si Jesús no hubiera venido a la tierra en forma humana?

¿Cómo puedes guardarte para no acostumbrarte a la obra salvadora de Cristo por ti?

Gracias, Padre, por el misterio y el milagro de lo que hizo Jesús cuando tomó carne humana y vino a esta tierra para salvarnos de nuestros pecados. Su humildad y sacrificio confrontan mi orgullo. ¿Dónde estaríamos, dónde estaría yo sin Él? ¡Me asombro y te alabo!

AMÉN.

Día 4

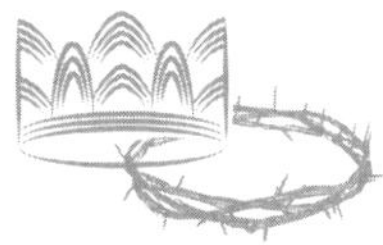

Jesús crece

La infancia de Cristo

Y el niño crecía y se fortalecía, y se llenaba de sabiduría;
y la gracia de Dios era sobre él.

—LUCAS 2:40

En el lapso de uno o dos siglos después que Jesús anduvo sobre la tierra, la especulación en torno a lo que tuvo lugar durante sus años de infancia apareció en relatos apócrifos como el *Evangelio del pseudo Tomás.* Tal vez has oído o leído algunas historias fantásticas como estas acerca del pequeño Jesús moldeando pájaros de arcilla que luego volaban, dividiendo las aguas de un riachuelo en su aldea o criticando a sus maestros porque no sabían lo que decían.[8]

Fascinante, ¿no es así? Excepto que ninguna de esas historias son verdad. Nuestra única fuente confiable acerca de la infancia de Jesús es lo que dicen las Escrituras. Y tal vez lo más revelador en este sentido es que, al escudriñar la Biblia, casi nada dice al respecto.

La infancia de Jesús, como la de todo niño, fue simplemente una infancia. Fue rutinaria. Nada espectacular.

Aun así, tal vez eso lo dice todo.

Porque si alguien hubiera inventado una historia tan increíble como la encarnación de algún dios que viene a la tierra, nunca habría incluido una simple infancia normal, tan ordinaria que apenas si se menciona en la crónica de sus hechos. Un dios en el sentido griego de la palabra ni siquiera habría tenido infancia. Se daba por hecho que los miembros de su panteón mitológico habían llegado ya formados como adultos. La infancia era algo innecesario e indeseable. Era inaceptable que sus leyendas quedaran socavadas por cuenta de imágenes de debilidad, necesidad, indefensión y dependencia, las cuales son propias de la infancia.

Sin embargo, Jesús no era esa clase de dios. Su encarnación *por* nosotros precisó que se identificara *con* nosotros, aun al punto de volverse niño. Parte de lo que hizo su plan tan eficaz e ingenioso es que Él restringiera por un tiempo el pleno uso y la expresión de sus capacidades divinas de modo que Él, al igual que nosotros, pudiera experimentar las etapas normales de desarrollo de la infancia: el aspecto físico, intelectual, social, psicológico. Todos los aspectos. Por ejemplo, Él no saltó de la edad de tres a los diez años, evitando las etapas desagradables, por la sencilla razón de que nosotros no podemos omitir las etapas que no nos gustan. En lugar de eso, Jesús creció lentamente, de manera gradual, diaria, progresiva, viviendo etapa tras etapa. Igual que nosotros.

Jesús creció como nosotros.

Ese hecho reviste una importancia y un propósito poderosos.

Porque, aunque la Biblia, en efecto, dice muy poco acerca de su infancia, las pistas que nos brinda acerca de su familia y de sus años de crecimiento indican un plan que lo preparó a la perfección como un niño para su misión y ministerio incomparables como adulto.

Por ejemplo, Él nació a unos padres que eran devotos y piadosos, que vivían conforme a "todo lo prescrito en la ley del Señor" (Lc. 2:39) y que adoraban fielmente (vv. 41-42). ¿Qué mejor manera para Jesús aprender las Escrituras y desarrollar reverencia a Dios y su Palabra que crecer en un hogar donde los caminos de Dios eran vivencias y enseñanzas reales?

Y sí, lo que aprendió siendo niño era lo que Él ya sabía desde la eternidad como Hijo de Dios. Aun así, Jesús *encarnado* aprendió acerca de su Padre celestial del mismo modo que otros niños aprenden acerca de Él, a saber, poco a poco, sentando las bases para toda la vida. Y lo vivió en el hogar de unos padres terrenales de cuyas vidas el Dios viviente era el centro de todo.

La infancia de Jesús no estuvo exenta de problemas. Su familia no fue ajena a los desafíos de la vida en un mundo caído. Por supuesto, la madre de Jesús había quedado embarazada de Él bajo circunstancias que eran difíciles de explicar, por lo que sin duda creció rodeado de miradas y murmuración, chismorreo y sospecha. Debido a un mandato del gobierno, su madre se vio forzada a dar a luz a 120 kilómetros de distancia de su casa en un ambiente hostil. Antes de cumplir dos años, su vida se vio amenazada por un rey celoso, y sus padres tuvieron que recorrer cientos de kilómetros para huir a Egipto. Ya pasado el peligro, la familia regresó al pueblo de Nazaret, donde Jesús creció. Y nadie esperaba mucho de un individuo proveniente de ese lugar (Jn. 1:46).

Jesús creció lentamente, de manera gradual, diaria, progresiva, viviendo etapa tras etapa. Igual que nosotros.

Sin embargo, esas circunstancias adversas armaron a Jesús de las habilidades que necesitaría más adelante para manejar los malentendidos y enfrentar la desaprobación social. Todo eso fue parte del entrenamiento temprano que Dios dispuso para su Hijo sobre la tierra.

Jesús también creció pobre. Deducimos ese hecho a partir de la ofrenda que llevaron sus padres al templo para su dedicación cuando era bebé, y del rito de purificación que siguió María después de dar a luz. El hecho de que sus padres eligieran un par de aves comunes (Lc. 2:24) revela que no tenían "lo suficiente" para una ofrenda más costosa y presentable (Lv. 12:8).

Si no conociéramos la historia, podría esperarse naturalmente que un niño tan especial se criara en una familia adinerada de renombre y posición social. Cuánto más apropiado resulta que, en realidad, no lo fuera. Cuán acertado resulta "que por amor a vosotros se hizo pobre, siendo rico, para que vosotros con su pobreza fueseis enriquecidos" (2 Co. 8:9).

¡Qué humildad! Jesús fue humano como cualquier niño. Fue un hijo. Fue un hermano mayor. *Creció* como todos tenemos que crecer, desde bebé, pasando por la infancia y hasta la adultez. Sin embargo, la Biblia menciona otro detalle importante acerca de su crecimiento.

El Evangelio de Lucas nos dice: "Y el niño crecía... y la gracia de Dios era sobre él" (2:40). Jesús creció siendo dependiente del favor de Dios. Contrario al *Evangelio del pseudo Tomás,* Jesús no usó su poder divino sobrenatural para crear pájaros ni destruir a sus enemigos. Él dejó de lado ese poder. Creció como nosotros tenemos que crecer. Y lo hizo amparado bajo la gracia de Dios.

En maneras que nunca entenderemos completamente, Jesús necesitó esos años de descubrimiento de la infancia, el anonimato de esos años de crecimiento sencillo y lento, para aprender que lo único que necesitaba más que cualquier otra cosa en la vida era la bendición que solo su Padre podía darle.

Sea que lo comprendamos o no, todos somos dependientes, como lo son nuestros hijos, del cuidado y la protección de la gracia de Dios. Sin importar cuáles sean nuestras circunstancias (buenas o malas), sin importar nuestro estilo de crianza (controlador o permisivo), sin importar cuál sea nuestro trasfondo familiar (sólido o disfuncional), en última instancia somos protegidos y guiados por la mano de Dios. Puede que nos consideremos autosuficientes, pero la verdad es que, a lo largo de cada etapa de crecimiento en la vida, dependemos por completo de Él, de sus planes, de su ayuda, de su obra tras bambalinas y de su favor.

¿En qué nos afecta el hecho de que Jesús vivió cada etapa del desarrollo infantil normal?

¿Qué significa para ti depender de la gracia y del favor de Dios sobre tu vida? ¿De qué manera has experimentado esa gracia?

Padre, gracias por enviar a Jesús como un bebé que creció en este mundo desde pequeño. Gracias porque estuvo dispuesto a humillarse, a experimentar nuestra vida y a participar de nuestras luchas. Reconozco mi necesidad de tu favor y de tu gracia. Te agradezco porque puedo confiar en ellos, como lo hizo Jesús, en cada etapa y temporada de la vida.

AMÉN.

Día 5

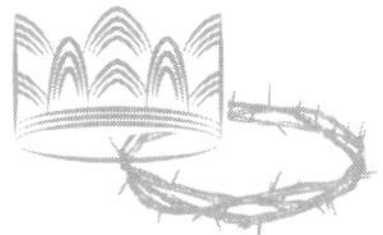

Crecimiento continuo

La juventud de Cristo

¿No sabíais que en los negocios de mi Padre
me es necesario estar?

—LUCAS 2:49

¿En qué momento el niño Jesús fue consciente de que era el Hijo de Dios? En realidad, no lo sabemos. Sin embargo, sabemos con seguridad que ya era consciente de ello cuando ocurrió un suceso específico que nos relata Lucas 2. Me refiero al día, que se extendió a dos y luego a tres, en que estaba tan concentrado en las conversaciones entre los sacerdotes y los maestros en el templo que no pudo separarse de la "casa de su Padre", a pesar de que sus padres ya se habían marchado sin Él.

A sus doce años, Jesús ya sabía muy bien quién era.

Hoy día, esa es la edad de la escuela intermedia. Por lo general, los niños de doce años hoy día son inmaduros y hacen tonterías. A veces incluso hacen tonterías doce o veinte años después. (¿O hasta cincuenta años después?). En cambio, para los niños judíos en los tiempos de Jesús, el año anterior a los trece años era el año de preparación para convertirse oficialmente en miembros plenos de la comunidad religiosa del judaísmo, "hijos de la ley" responsables ante Dios de su propio crecimiento y desarrollo espiritual.

Y Jesús asumió plenamente ese paso a la vida adulta.

Ese momento que tuvo lugar en el templo de Jerusalén es el único cuadro detallado que tenemos de Él antes de aparecerse en la ribera del Jordán como un hombre de treinta años listo para emprender su ministerio público.

Hemos visto cómo Jesús "crecía" siendo niño (Lc. 2:40). Ahora vemos que siendo adolescente "*crecía* en sabiduría y en estatura, y en gracia para con Dios y los hombres" (v. 52).

La palabra griega que se traduce como "crecía" sugiere la idea de unos pioneros que se abren camino en la jungla, cortando los árboles que encuentran y bloquean su paso hacia el destino deseado. Significa "golpear", "moler" y "cortar" para abrirse camino sin dejarse intimidar por la espesura de las plantas trepadoras o demás obstáculos, desplegando el máximo esfuerzo para seguir avanzando.[9]

¡Cuánto deseo que nunca dejáramos de *crecer* como creció Jesús! Que nos propongamos crecer, avanzar de manera consciente y rehusar quedarnos ociosos o conformarnos con lo que ya hemos aprendido y obtenido.

Crecimiento es la virtud que Jesús nos dejó como ejemplo desde sus doce años. Es lo que oímos en las primeras palabras que registran las Escrituras que Él pronunció: "en los negocios de mi Padre me es necesario estar" (Lc. 2:49).

¡Me es necesario! Esa expresión implica una intensidad creciente, un propósito decidido que se mantuvo a lo largo de su vida:

- "*Es necesario* que también a otras ciudades anuncie el evangelio del reino de Dios" (Lc. 4:43).
- "*Es necesario* que el Hijo del Hombre padezca muchas cosas, y sea desechado" (Lc. 9:22).
- "*Era necesario* que se cumpliese todo lo que está escrito de mí" (Lc. 24:44).

Aquello que era "necesario" en la vida de Jesús empezó en el templo, a la edad de doce años. O al menos fue lo que se manifestó entonces, conforme al llamado que ya se había formado en Él desde niño. A partir de ese momento, nada fue opcional para Él en su búsqueda vehemente de cumplir la voluntad del Padre. Nada le importaba más que estar completamente rendido, completamente consagrado y ser completamente obediente. Sin distracciones. Sin diversiones ociosas.

Me cautiva que la Biblia nos revela esa determinación que había en su interior siendo aún joven. No fue como que desafiara a sus padres terrenales. De hecho, Él se mantuvo respetuoso y estuvo "sujeto a ellos" mientras seguía creciendo y madurando en su hogar (Lc. 2:51). No obstante, desde adolescente ya dirigía su atención a su Padre celestial, algo que creció desde su infancia y que prosiguió en una vida adulta responsable y en su ministerio redentor.

Espero que podamos inspirar a los jóvenes a embelesarse no en los típicos intereses adolescentes, sino en cultivar el hábito de conocer, de conocer realmente, a su Padre celestial.

Ese es Jesús a sus doce años. Ese es el Jesús que su mamá y su papá lograron ubicar cuando tuvieron que regresar a Jerusalén tras una jornada completa de viaje. (No se dieron cuenta hasta anochecer de que Jesús estaba ausente del grupo de viajeros). Cuando al fin lo encontraron en el templo, Él estaba "sentado en medio de los doctores de la ley". Estaba allí haciendo dos cosas importantes, no solo para un adolescente de doce años, sino para cualquier persona de cualquier edad. Jesús estaba "escuchándolos y haciendo preguntas" (Lc. 2:46, NBLA).

Escuchar es un tipo de actividad que ayuda a "crecer": "Pero el que escucha consejos es sabio" (Pr. 12:15, NBLA). No aprendemos y discernimos la verdad escuchándonos a nosotros mismos. Aprendemos y discernimos escuchando y procesando lo que otros dicen.

Preguntar. También crecemos cuando estamos dispuestos a aprender. Cuando deseamos conocer. Cuando tenemos un corazón y hambre de crecer en nuestro entendimiento. Jesús les preguntaba a los eruditos que estaban presentes y les respondía de tal modo que los dejaba asombrados, no porque hubiera alcanzado la plenitud del conocimiento (no a los doce años), sino porque Él demostró un deseo extraordinario por aprender.

Espero que tú y yo tengamos el mismo anhelo, sin importar la edad, de escudriñar las Escrituras, de estudiarlas con otros, de meditar en las verdades de Dios, de estar en la casa de nuestro Padre y de servir como Jesús hizo a sus doce años. Espero que podamos inspirar a los jóvenes (ya sean nuestros propios hijos o los hijos de otros) a embelesarse no en los típicos intereses adolescentes, sino en cultivar el hábito de conocer, de conocer realmente, a su Padre celestial. Sí, incluso a los doce años.

Como Jesús.

¿De qué maneras estás "creciendo" en tu entendimiento de los caminos y de la Palabra de Dios?

¿Cómo podrías animar a los jóvenes que te rodean a que busquen a Dios en sus años formativos?

Padre, el ejemplo de Jesús siendo joven me redarguye y me inspira. Oro para que pongas en mi corazón un anhelo insaciable de buscarte, de aprender de ti y de conocerte. Ayúdame a estar atento a las oportunidades para invertir en la vida de creyentes jóvenes a fin de que podamos crecer juntos en tu gracia y crecer para alcanzar la madurez espiritual.

AMÉN.

Día 6

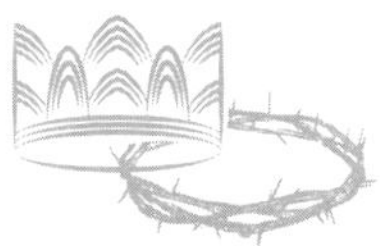

Un hombre trabajador

El oficio terrenal de Cristo

¿No es este el carpintero, hijo de María?
—MARCOS 6:3

Dieciocho años es mucho tiempo. Es una larga espera. Llama la atención, dada la magnitud de lo que Jesús vino a hacer, que el plan del Padre para su Hijo en su relativamente corta vida sobre la tierra incluyera un intervalo de *dieciocho años* entre su infancia y su ministerio público.

Detente a pensar en ello. El Hijo de Dios vivió en este planeta treinta años completos (Lc. 3:23) antes de iniciar la obra y hacer los prodigios que marcaron la venida de su reino. Es natural preguntarse qué esperaba Él. ¿Hacía un buen uso de su tiempo? ¿Por qué desperdiciar dieciocho años en el anonimato y en silencio, al parecer dedicando gran parte de su tiempo trabajando en el negocio de construcción de su padre terrenal?

Respuesta: Porque el trabajo no es un desperdicio de tiempo.

Y porque Dios nunca desperdicia nada.

Quizá tú te encuentras en casa con dos prescolares. Quizá tienes un trabajo de escritorio o atiendes mesas en un restaurante (¡o cambias de trabajo continuamente!). Tus planes para la tarde pueden incluir doblar ropa, llevar a los niños de la escuela a las clases de natación y juegos deportivos, responder llamadas en un centro de procesamiento de pedidos. Sin importar lo que sea tu trabajo, sin importar cuán insignificantes o rutinarias parezcan tus labores diarias, ese trabajo es noble y sagrado cuando se hace para la gloria de Dios.

Si eso no es cierto, ¿cómo explicas que Jesús trabajara dieciocho años como carpintero? ¿Lo habría hecho si no viera un propósito en ello? Jesús no estuvo menos comprometido con cumplir la voluntad de su Padre, "en los negocios de [su] Padre" (Lc. 2:49) durante los dieciocho años que transcurrieron entre sus doce y sus treinta años, de lo que estuvo durante los tres años que hemos denominado sus años de ministerio.

"El carpintero" es la manera en que conocieron a Jesús durante gran parte de su vida. El término puede haberse empleado más como una expresión despectiva que como un elogio. En otros pasajes de las Escrituras hay muchos títulos excelsos para Jesús: Hijo de Dios, Príncipe de Paz, Señor de gloria. Sin embargo, durante esos años de vida como joven adulto, a Jesús lo llamaron simplemente "el carpintero" o "el hijo del carpintero".

Él se sometió a la carga del trabajo pesado, la misma carga que es *nuestro* duro trabajo, y la transformó en una ofrenda diaria de obediencia.

Él no tenía una formación teológica formal ni credenciales profesionales en su hoja de vida. Era un simple obrero. Alguien que trabajaba con sus manos. Alguien en el negocio de la construcción. Alguien que al final de su jornada tenía ropa sucia y llena de sudor. (¡Me pregunto qué pensarían los ángeles al verlo!).

Con todo, el ejemplo de Jesús de trabajo terrenal humilde solo se suma a la lista de lo que lo hace *incomparable*.

Jesús no eligió una vida de descanso hasta que llegara el momento de empezar su ministerio público; Él no fue ocioso ni perezoso. Él glorificó a su Padre celestial trabajando con diligencia con sus manos todos esos años, tal vez sustentando a su madre y a otros miembros de la familia después que José falleciera.

El trabajo, contrario a lo que muchos suponen, no es una maldición de la caída. Cuando Dios puso a Adán en el huerto del Edén, antes que el pecado entrara en la ecuación, el Señor le mandó "que lo labrara y lo guardase" (Gn. 2:15).

Desde el principio, el trabajo fue establecido como una bendición. El trabajo es bueno. El trabajo proviene de Dios, y no solo el trabajo de predicar y enseñar. El trabajo que parece insignificante también cuenta. El trabajo rutinario. El trabajo pesado. El trabajo repetitivo. La clase de trabajo que *todos* hacemos porque toda rutina incluye deberes cotidianos que no son fáciles ni agradables, pero que es menester llevar a cabo.

En nuestra cultura, la tendencia es dar mayor importancia a los tipos de trabajo que son rentables y dan prestigio. Medimos el valor de lo que hacemos en términos del alcance, la reputación y el logro. En cambio, el ejemplo de Jesús nos muestra que Dios recompensa la diligencia, la fidelidad y el servicio humilde.

J. Oswald Sanders señaló: "Si no fue indigno del Hijo de Dios trabajar como artesano, entonces no es indigno de ninguno de sus hijos".[10] Me encanta ver a Jesús bajo esa perspectiva, demostrándonos que todo trabajo productivo y bien hecho que hacemos para la gloria de Dios es un trabajo noble, sagrado, espiritual. Las Escrituras lo declaran de manera explícita:

- "Y todo lo que hacéis, sea de palabra o de hecho, hacedlo todo en el nombre del Señor Jesús, dando gracias a Dios Padre por medio de él" (Col. 3:17).
- "Y todo lo que hagáis, hacedlo de corazón, como para el Señor y no para los hombres" (Col. 3:23).
- "Hacedlo todo para la gloria de Dios" (1 Co. 10:31).
- "Y todo lo que hagáis" —*todo*— "hacedlo... porque a Cristo el Señor servís" (Col. 3:23-24).

Así trabajó Jesús durante dieciocho años de su vida, otra manera esencial mediante la cual participó de nuestra humanidad. A pesar de que el trabajo fue, en efecto, parte de la vida antes de la caída, ahora vivimos con ciertos aspectos del trabajo que causan sufrimiento como resultado directo de ella. Génesis 3 predijo que, como resultado del pecado de los primeros seres humanos, el trabajo iba a ser pesado y hecho "con dolor" (v. 17), un combate constante contra la oposición y los obstáculos, contra "espinos y cardos" (v. 18). El trabajo sería agotador y desgastador, hecho "con el sudor de [nuestro] rostro" (v. 19).

La mayoría podemos identificarnos con esa percepción del trabajo, como una faena agotadora y tediosa. Jesús también. Al experimentar el tedio y el esfuerzo que supone trabajar con tesón, Jesús cargó con las consecuencias del pecado que pesan sobre la raza humana.

Él podría haber pasado esos dieciocho años sin hacer nada, desconectado de la realidad, esperando el momento en que empezara la verdadera obra del ministerio. En lugar de eso, Él se sometió a la carga del trabajo pesado, la misma carga que es *nuestro* duro trabajo, y la transformó en una ofrenda diaria de obediencia. Él trabajó duro para la gloria de Dios mientras trabajaba con sus manos, tal y como trabajó después para la gloria de Dios predicando "buenas nuevas a los pobres", dando "vista a los ciegos" y poniendo "en libertad a los oprimidos" (Lc. 4:18).

Para Él todo fue una sola obra unificada. "Mi Padre hasta ahora trabaja, y yo trabajo" (Jn. 5:17).

Nosotros también estamos trabajando. Trabajando con y para nuestro Padre cada día.

¿Qué clase de trabajo te resulta difícil llevar a cabo con fidelidad y alegría?

¿En qué modo la reflexión sobre la vida de trabajo de Jesús cambia tu perspectiva acerca de las tareas comunes, rutinarias o anónimas que exige tu trabajo?

Padre, gracias por la obra que me has encomendado hacer. La recibo como un regalo, una oportunidad para servirte a ti y a otros y para llevar a cabo tu propósito para mí en esta etapa de mi vida. Cuando mi trabajo es pesado, cuando es desagradable, cuando se siente abrumador, recuérdame que tú entiendes mi dolor e impaciencia, y que todo lo puedo en ti.

AMÉN.

Día 7

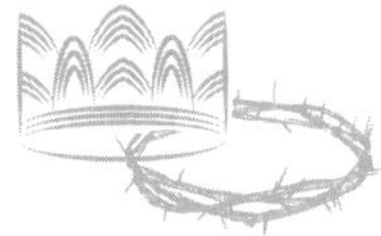

Todos para uno

La soltería de Cristo

El hacer tu voluntad, Dios mío, me ha agradado,
y tu ley está en medio de mi corazón.
—SALMO 40:8

¿Con cuánta frecuencia vemos a Jesús solo a través de la lente de la escuela dominical? Lo vemos en obras de arte enmarcadas, en ventanas con vitrales. Sabemos de Él por los fragmentos de su vida que nos relatan los Evangelios. Pero ninguna visión de Él tan distante históricamente cambia el hecho de que Él enfrentó los mismos ciclos y rigores de la vida, igual que nosotros. Él no es la simple suma de sus momentos más memorables. Él vivió aquí en la tierra como un hombre real.

Jesús vivió el día a día: cada mañana, tarde y noche. Todo.

Y lo vivió todo como un hombre soltero.

Sí, Jesús fue un hombre soltero. Tuvo amigos, por supuesto, pero no la compañía de una esposa. Disfrutaba mucho pasar tiempo con niños, pero no tenía sus propios hijos en casa a quienes amar, enseñar y con quienes pasar tiempo.

Por supuesto, siempre hemos sabido este hecho acerca de Él, pero no acostumbramos a prestarle mucha atención. Poco ahondamos en su condición de soltero y en cómo ese hecho marcó la vida que llevó. Solo pensamos que, puesto que era Dios, no necesitaba una esposa. Puesto que era Dios, no necesitaba sus propios hijos.

Pero Jesús también era un hombre. Y como hombre sentía todos los deseos humanos normales que todos experimentamos. En sus años de adulto joven experimentó los anhelos naturales de cualquier hombre de su edad, los cuales no desaparecieron cuando se acercaba a la treintena ni después. Él asistió a las bodas de sus amigos. Fue a fiestas y a cenas. Interactuó con otros hombres que eran esposos y padres. Solo podemos dar por hecho que la idea de una vida familiar podría haberle llamado la atención, a pesar de que estaba aquí con una sola misión.

No debería entonces sorprendernos cuando la Biblia nos dice que Jesús fue "tentado en todo según nuestra semejanza" (He. 4:15). Ahora bien, cuando pensamos en ser "tentado" puede que tengamos en mente la lucha interna de nuestro combate por el deseo de pecar. Pero, a diferencia de nosotros, Jesús no tenía pecado en Él y, por lo tanto, no tenía *deseos pecaminosos* que tuviera que resistir. Con todo, fue tentado en el sentido de experimentar *debilidad* (algo que subraya He. 4:15) de índole humana (no pecaminosa). Él también podía ser tentado a través de deseos normales como el hambre, la sed, la amenaza de dolor y, como hombre soltero, a través de los deseos humanos naturales y sentimientos que el Padre en su voluntad había dispuesto que no fueran satisfechos.

Lo cierto es que nuestro corazón nunca puede llenarse con otro ser humano, con una situación de vida diferente o con algún plan alternativo que podamos haber imaginado para nuestro futuro.

Una vez más, las imágenes suaves que solemos contemplar no nos ayudan mucho a ver ese lado de Jesús, pero las Escrituras nos presentan un cuadro puro y realista de su vida. Eso significa que, en su época, Él sintió la misma clase de deseos humanos normales que son propios de la soltería en nuestros días.

Comprender esto debería inspirarnos esperanza y aliento. Porque todos tenemos anhelos. Todos tenemos carencias, deseos, queremos cosas que consideramos legítimas. Y todas esas cosas, incluso el matrimonio y la familia, pueden acaparar nuestra atención y energía, especialmente cuando tenemos que vivir sin ellos. Es fácil convertirlos en ídolos y usarlos para justificar toda clase de pensamientos y acciones dañinos e incluso pecaminosos.

En cambio, Jesús nunca sucumbió a ello. Él nunca permitió que los deseos naturales se convirtieran en la autoridad sobre su vida. Él nunca los usó como excusa para hacer concesiones morales o desobedecer al Padre en algo. Entonces, ¿qué hizo cuando lo bombardeaban anhelos insatisfechos?

Él no los suprimía. Él no negaba su existencia. Él simplemente confiaba sus necesidades al Padre. Él encontraba satisfacción en el compañerismo de su Padre. En lugar de molestarse por ser soltero o por los sacrificios físicos, emocionales o sociales que estaba llamado a hacer, Él aceptó y se deleitó en la voluntad de su Padre. Eso fue suficiente para Él. Eso lo satisfizo.

Creo que la mayoría sabemos que nuestra relación con el Padre debería ser igual. Su compañerismo debería ser tan satisfactorio para nosotros como lo fue para Jesús. Pero, a veces, estamos solos y queremos la compañía de alguien. Cuando nos abruman las cargas que llevamos, queremos ir a casa y encontrar a alguien que nos escuche, nos comprenda, nos brinde consejo, como todo el mundo (pareciera) tener.

Cuando alguien es soltero le resulta fácil sentirse así (y puedo dar fe de ello, ya que viví sin casarme durante los primeros cincuenta y siete años de mi vida). Cuando alguien ha enviudado, también (como lo sabe muy bien mi madre de ochenta y cinco años que quedó viuda a los cuarenta). Además (como sabe toda persona que ha estado casada por más de una semana), es posible estar casado y sentirse igual, porque nadie, ni siquiera nuestro cónyuge, puede llenar nuestro enorme corazón y satisfacer todas nuestras necesidades, ya sean reales o percibidas.

Sin embargo, darnos cuenta de que tenemos un Salvador que ha recorrido ese camino y que entiende ese sentimiento puede ayudarnos mucho a manejar esa situación de formas saludables y piadosas. Tenemos al Cristo incomparable como un ejemplo vivo, el cual nos promete que podemos presentar al Padre nuestros anhelos insatisfechos. Podemos renunciar a los placeres que a otros se les permite gozar. Y podemos echar mano del gozo revitalizante que está puesto delante de nosotros (He. 12:2), aun si hemos esperado que nuestra copa se llene de otro modo. Porque lo cierto es que nuestro corazón nunca puede llenarse con otro ser humano, con una situación de vida diferente o con algún plan alternativo que podamos haber imaginado para nuestro futuro.

"Considerad" a Jesús, dice la Biblia, "para que vuestro ánimo no se canse hasta desmayar" (He. 12:3). Consideremos la manera en que vivió su soltería. Consideremos la actitud con la que asumió su misión: "He aquí que vengo, oh Dios, para hacer tu voluntad" (He. 10:9). Pide que te ayude para que puedas imitar esa misma actitud. Y, sin importar lo que tus circunstancias presentes puedan dictarte, aférrate a la promesa de que al final verás, como Jesús, que

- en la voluntad de Dios se halla "la senda de la vida",
- en su presencia hay "plenitud de gozo",
- y "delicias a [su] diestra para siempre" (Sal. 16:11).

¿En qué área de tu vida actual sientes carencia, pérdida o un anhelo insatisfecho?

¿Cómo puede la meditación en Jesús infundirte esperanza y proveerte la gracia que suple las necesidades más profundas de tu corazón?

Padre, sentado aquí hoy a solas contigo, te doy gracias por recordarme que Jesús, de alguna forma, ha sentido todo lo que yo siento y todo lo que yo pueda sentir. Gracias por rodearme y llenarme con tu amor. Permite que tu amor fluya a través de mí para extender tu gracia a otros que se sienten vacíos y necesitados.

AMÉN.

Día 8

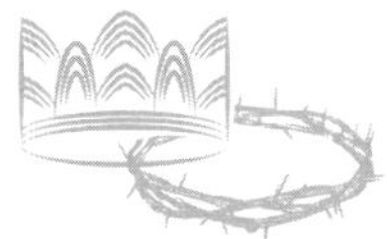

Los cielos declaran

El bautismo de Cristo

Así conviene que cumplamos toda justicia.

—MATEO 3:15

El domingo de Pascua de 1964 marcó uno de mis recuerdos más tempranos e inolvidables. Tenía cinco años cuando Earl Connors, mi pastor de la infancia, me bautizó aquel día, casi un año después de haber confiado en Cristo para mi salvación. Antes de bautizarme, los diáconos de nuestra pequeña iglesia bautista se reunieron para escuchar mi testimonio personal y confirmar que yo estaba lista para tomar ese paso decisivo.

Desde ese día he asistido a muchos cultos de bautismo y nunca me canso de ellos. Pocas experiencias son más puras, esperanzadoras y poderosas que escuchar y ver la primera bocanada de aire cuando un creyente sale del agua, la mirada en su rostro, la frescura de su sonrisa cuando declara su lealtad a Cristo y expresa públicamente el cambio que Él ha producido en su corazón arrepentido. "[Resucitados] de los muertos", como Jesús del sepulcro, ellos se levantan ahora para "[andar] en vida nueva" (Ro. 6:4).

Con todo, por hermosa que sea esa imagen, por significativo que sea testificar cada una de esas ceremonias, nunca he visto un bautismo como el bautismo de Jesús. Salvo por aquellos que estaban presentes en la ribera del río Jordán aquel día, nadie ha visto algo parecido. Porque ese bautismo, como Jesús mismo, fue verdaderamente *incomparable*.

En primer lugar, a diferencia de nosotros, Jesús no tenía pecados qué confesar, ni maldad de la cual arrepentirse, ni necesidad de salvarse de la ira de Dios. Cuando Él entró en las aguas bautismales, lo hizo para identificarse con *nuestra* necesidad de ser lavados de nuestros pecados. Cuando se unió al grupo de personas reunidas en el Jordán para ser bautizadas por su primo Juan, también cumplió con ello la profecía según la cual "fue contado con los pecadores" (Is. 53:12). ¡Eso somos nosotros! Y así, por la fe, nosotros podríamos un día contar *su* justicia como *nuestra* justicia. Además, Él estaba repitiendo un rito ceremonial que fue instituido mucho tiempo antes bajo la ley del Antiguo Testamento.

Como ves, no fue una coincidencia que Jesús tuviera treinta años en el momento de bautizarse. Según las instrucciones que recibió Moisés en Números 4, treinta era la edad en que los sacerdotes cumplían el "requisito" de edad (v. 3) para ejercer los deberes de su oficio. Y antes de asumir esas responsabilidades, cada sacerdote se sometía a un ritual especial que Dios había establecido para separarlos simbólicamente para la obra que les era encomendada.

Gracias al ministerio de Cristo por nosotros, que inició formalmente con su bautismo, hemos recibido el don de su Espíritu juntamente con la bendición del Padre, y eso confirma que somos hijos amados en quienes Él se complace.

Aarón, el hermano de Moisés, y los hijos de Aarón, fueron los primeros en participar de dicha ceremonia. Moisés los presentó al Señor antes de reunir a la congregación del pueblo de Dios y "los lavó con agua" (Lv. 8:6) para limpiarlos y santificarlos. Para Aarón, que fue nombrado sumo sacerdote, Dios había establecido instrucciones adicionales. Después de vestir a su hermano con las vestiduras sacerdotales, Moisés tomó aceite y lo derramó sobre la cabeza de Aarón (v. 12).

Toda esa agua, todo ese derramamiento, lograba algo más que mojar a esos hombres. Era un símbolo de que estaban empapados de la santidad de Dios, eran consagrados y ungidos para el servicio sacerdotal. Y sentó un precedente para aquel momento, siglos después, cuando Jesús, el Sumo Sacerdote señalado por Dios, se sumergió y salió de las aguas del bautismo. Santo, obediente, humilde y rendido, Él también recibiría una unción, una unción sin par.

El momento histórico quedó registrado en los Evangelios con toda su majestuosidad. "Los cielos le fueron abiertos" (Mt. 3:16). Luego, "en forma corporal, como paloma" descendió el Espíritu Santo sobre Jesús (Lc. 3:22), acompañado del sonido de una voz audible: "Tú eres mi Hijo amado; en ti tengo complacencia" (Mr. 1:11). Pedro lo describiría más adelante como el momento en que "Dios ungió con el Espíritu Santo y con poder a Jesús de Nazaret" (Hch. 10:38).

No. Nunca hemos visto un bautismo semejante.

Sin embargo, piensa en lo que significa el hecho de que los cielos fueron abiertos en el momento en que Jesús se bautizó.

Viaja en el tiempo conmigo, al momento en que Adán y Eva fueron expulsados del huerto del Edén por su propio pecado. El privilegio de tener acceso a la presencia de Dios que habían gozado quedó entonces fuera de su alcance. Y esta restricción se aplicaba no solo a Adán y a Eva, sino a toda persona que viviera después de ellos.

De hecho, la premisa subyacente de todas las religiones del mundo es el incesante intento humano por recobrar el acceso a Dios. Todos los esfuerzos religiosos aparte de la confianza en Cristo no son más que intentos por lograr abrir los cielos, esperando que nuestra obra y nuestro esfuerzo de algún modo le agraden lo suficiente para que Él nos deje entrar en su presencia y nos dé una vida que vaya más allá de la muerte.

En cambio, cuando Jesús estaba allí orando después de su bautismo, "el cielo se abrió" (Lc. 3:21). Ahora bien, el cielo nunca había estado cerrado para Él. Por su naturaleza libre de pecado y su vida obediente, el Hijo nunca había perdido la aceptación de su Padre. No obstante, allí en el Jordán, recibió de lo alto la unción del Espíritu Santo y la bendición audible de su Padre celestial. En ese momento quedó inaugurado el ministerio terrenal de Jesús, una misión que abriría los cielos mismos a los pecadores rebeldes en virtud de su justicia.

Por esa razón, Esteban, el primer mártir cristiano, en un momento fugaz antes de su muerte violenta, pudo decir: "He aquí, veo los cielos abiertos, y al Hijo del Hombre que está a la diestra de Dios" (Hch. 7:56).

Por eso, el apóstol Juan, cuando recibió la revelación en el exilio en la isla de Patmos, pudo mirar al cielo y ver "una puerta abierta", oír una voz que lo invitó diciendo: "Sube acá", y contemplar la gloria de "un trono establecido en el cielo" donde Dios mismo está "sentado" (Ap. 4:1-2).

¡Aleluya! Por eso tú y yo no estamos atrapados aquí en la tierra sin otra cosa que esperar sino este mundo caído cuyos afanes solo ofrecen separación de Dios por toda la eternidad. Los cielos también están abiertos para nosotros porque Jesús los abrió para nosotros.

"Sube aquí", dice el Señor, donde el duro trabajo de la religión nunca puede llevarnos. En cambio, su obra de justicia por nosotros ha logrado "[abrir] los cielos" (Mr. 1:10) y ha derribado toda barrera que nos impide tener acceso al trono de Dios (15:38). Gracias al ministerio de Cristo por nosotros, que inició formalmente con su bautismo, hemos recibido el don de su Espíritu juntamente con la bendición del Padre, y eso confirma que somos hijos amados en quienes Él se complace.

¡Dime si eso no cambiará tu forma de adorar en el próximo culto de bautismo al que asistas!

¿Fuiste bautizado como seguidor de Jesús? Si es así, ¿de qué manera su bautismo renueva tu comprensión y el valor del tuyo?

¿En qué cambiaría tu vida y tu perspectiva si el cielo permaneciera cerrado, si Cristo no te hubiera dado acceso al Padre?

Padre santo, me conmueve la manera en que Jesús cumplió todos los requisitos de la justicia en todo momento, de principio a fin. Gracias porque Él abrió el camino hacia ti para cada pecador que acude a Él. Por su justicia, no la mía propia, vengo delante de ti y vivo hoy por la fe en Él.

AMÉN.

Día 9

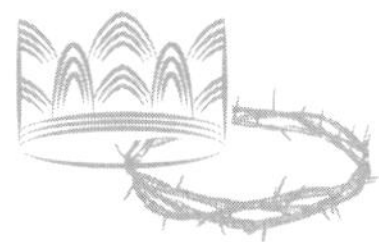

Una victoria compartida

La tentación de Cristo

Pues en cuanto él mismo padeció siendo tentado,
es poderoso para socorrer a los que son tentados.
—HEBREOS 2:18

Es muy probable que nunca hayas intentado (con éxito) ayunar durante cuarenta días como Jesús. Y, definitivamente, nunca has pasado esos cuarenta días en un desierto literal como Él, con animales salvajes rondando e invadiendo tu espacio (Mr. 1:13). Sin embargo, cuando meditamos en el relato de la tentación de Jesús en las Escrituras, puede sorprenderte descubrir que tenemos mucho más en común con su experiencia de lo que pensamos.

En primer lugar, ¿has notado con cuánta frecuencia tus temporadas de tentación más intensas ocurren "luego" (Mr. 1:12) o justo después de un momento particularmente emocionante? ¿Después de una gran victoria o logro? ¿Después de un resultado satisfactorio, quizás en el trabajo o en tu vida familiar? En lugar de ser una extraña coincidencia, bien podría ser un plan diabólico. Satanás busca siempre la oportunidad de tomarnos por sorpresa o encontrarnos desprevenidos para confrontarnos en batalla. También sabe que rara vez somos más susceptibles a sus sugerencias, más atraídos por las soluciones fáciles, la indulgencia o el orgullo, como cuando saboreamos la dicha de una batalla que nos costó mucho.

La experiencia de Jesús en el desierto lo confirma. Él fue allí mientras la bendición audible de su Padre todavía resonaba en su corazón, la afirmación de que Dios tiene "complacencia" en su "Hijo amado" (Mt. 3:17). Justo después de ese pronunciamiento público, Satanás debió dar por hecho que Jesús era más susceptible a transigir. ¿Estás familiarizado con esa sensación? El enemigo usa tácticas similares con nosotros.

Observa también cómo resistió Jesús los avances del adversario. Podría esperarse que Él combatiera desplegando las armas indestructibles que solo estaban a disposición del Hijo de Dios, sometiendo al enemigo con la tremenda fuerza de su divinidad. En lugar de eso, los recursos que usó Jesús para batallar fueron los mismos que están disponibles para ti y para mí cuando enfrentamos las artimañas del diablo y sus seducciones al pecado.

Cuando enfrentó la tentación en el desierto, Jesús confió en:

- *el Espíritu Santo,* que lo había llevado allí (Mt. 4:1);
- *la oración,* que ya estaba acostumbrado a usar (Lc. 3:21);
- *la gracia de Dios,* que le fue dada para reconocer humildemente su necesidad;
- *la Palabra de Dios,* mediante la cual declaró la verdad para refutar las mentiras del enemigo.

¡Qué reconfortante es saber que todos contamos con esas armas en nuestro arsenal espiritual! Jesús venció la tentación tal y como cualquiera de nosotros puede hacerlo, usando los recursos que todo creyente ya posee. Y, al hacerlo, derrotó por completo al enemigo.

Cuando Satanás desafió a Jesús diciendo: "di que estas piedras se conviertan en pan" (Mt. 4:3) para que saciara su hambre a su manera en lugar de esperar con paciencia la provisión de su Padre, Jesús se abstuvo. Eso quiere decir que *Jesús ganó.*

Cuando Satanás lo desafió a que se lanzara desde una gran altura para desafiar la muerte (v. 6) y probar que las promesas de Dios eran reales (en lugar de creer en las promesas de Dios independientemente de ello), Jesús se negó y *ganó otra vez.*

Aun cuando le ofreció "todos los reinos del mundo y la gloria de ellos" (v. 8) sin el sufrimiento o el caos de morir en la cruz, Jesús se negó y *volvió a ganar.*

Tres de tres. Cuando enfrentó la tentación de Satanás, Jesús ganó siempre. Y lo hizo echando mano de la línea de defensa que también está a nuestra disposición.

Así que debemos animarnos cuando batallamos contra nuestro adversario. No estamos solos y no estamos en desventaja. Entramos en el campo de batalla armados con el mismo armamento que Jesús usó. La única diferencia es que no estamos solos por ahí tratando de ponerlo en práctica, porque Jesús mismo está presente ayudándonos:

- "Pues en cuanto él mismo padeció siendo tentado, es poderoso para *socorrer* a los que son tentados" (He. 2:18).
- "Acerquémonos, pues, confiadamente al trono de la gracia, para alcanzar misericordia y hallar gracia para el oportuno *socorro*" (He. 4:16).

Ese "socorro" representa la provisión, según el término usado en el texto griego original de esos versículos, de algo que funciona como una cuerda o cadena para amarrar el bote o la embarcación a fin de evitar que se desbarate. La forma sustantiva del verbo aparece antes en el Nuevo Testamento para describir los esfuerzos que hicieron los marineros a bordo del barco en el que viajaba Pablo a Roma cuando fue azotado por el viento y la tormenta: "usaron de *refuerzos* para ceñir la nave" (Hch. 27:17). Ese "socorro" reforzaba el bote para que soportara el azote de las olas.

Jesús venció la tentación tal y como cualquiera de nosotros puede hacerlo, usando los recursos que todo creyente ya posee.

Con esto en mente, imagina a Jesús acudiendo en el momento en que batallamos, cuando las tentaciones parecen amenazar con destruirnos, cuando estamos seguros de que vamos a sumergirnos en cualquier momento y a perder otra batalla contra el maligno. Al ver que nos hundimos, Él nos envuelve en el poder incomparable que nos sostiene. Él nos mantiene a salvo mientras los ataques contra nosotros se intensifican. Nunca estamos solos en nuestro sufrimiento porque Él está ahí para fortalecernos, para sostenernos, para protegernos.

Él puede hacerlo porque ya lo hizo, porque Él mismo ya fue tentado y probado, "pero sin pecado" (He. 4:15). Él está confiado en que saldremos victoriosos porque Él sabe todo acerca de las armas que tenemos a nuestra disposición para vencer la tentación. Él las ha probado y ha demostrado que son eficaces y poderosas.

¿Qué mejor ayuda podríamos necesitar aparte de la ayuda que Jesús da?

Cuando Jesús rehusó ceder a la tentación de Satanás en el desierto, notificó a todas las potestades en el cielo y en el infierno que Él era el Señor soberano y que no iba a inclinarse ante Satanás. Allí en el desierto, y más adelante en el huerto de Getsemaní, Cristo asestó a Satanás un golpe tras otro, presagiando el golpe final y fatal en el Calvario y la derrota absoluta del enemigo en el fin del siglo.

Gracias a que Jesús venció la tentación, nosotros podemos vencer toda tentación. Y gracias a su victoria sobre el tentador, un día seremos libres de él y de toda tentación para siempre.

¿En qué áreas de tu vida eres más tentado a tratar de pelear solo la batalla en lugar de acudir a Jesús en busca de ayuda?

¿Cuáles recursos que tienes a tu disposición (y que tuvo Jesús) podrías aprender a usar con mayor frecuencia y confianza en tu batalla contra el pecado?

Padre, tú conoces las batallas que enfrento contra mi pecado y mi carne. Tú conoces mis luchas y mis derrotas. Cuánto necesito tu ayuda y cuán reconfortante y estimulante es saber que tú siempre estás ahí para brindármela. Siempre estás ahí para apoyarme, fortalecerme, sostener a flote mi embarcación. Vengo a ti hoy por tu gracia, aferrándome a la verdad de tu Palabra, ¡confiando en ti para la victoria!

AMÉN.

Día 10

Dios encarnado

La deidad de Cristo

En él [Cristo] habita corporalmente
toda la plenitud de la Deidad.
—COLOSENSES 2:9

La exitosa novela de Dan Brown, *El código Da Vinci*, ha vendido más de ochenta millones de ejemplares desde su lanzamiento en 2003, convirtiéndola en una de las obras de ficción más populares de la historia editorial.[11] Y, en efecto, es pura ficción, tanto en el sentido narrativo como en las falsedades que difunde. Una de esas es que los líderes de la iglesia inventaron la doctrina de la deidad de Jesús trescientos años después de su muerte con el propósito de reafirmar su autoridad religiosa. En una de las voces de sus personajes, Brown dice: "Hasta *ese* momento de la historia, Jesús era considerado por sus seguidores como un profeta mortal... un hombre grande y poderoso, pero aun así un *hombre*".[12]

Es problemático que alguien acepte la ficción como hecho real.

Y muchos lo hacen.

Muchas personas no discuten que Jesús sea una realidad histórica, incluso un personaje histórico destacado, siempre y cuando se le considere solo humano. Es posible tener a Jesús *hombre* a una distancia prudencial. Se le puede apreciar por la manera en que enseña y ofrece un ejemplo que inspira e ilumina. El Jesús hombre es tolerable, manejable, citable y medible.

No sucede lo mismo con Jesús como *Dios*. Si Jesús es Dios, lo que creemos acerca de Él no es solo un asunto de relevancia cultural, sino de alcance eterno.

Jesús, como Dios, nos pide cuentas. Jesús, como Dios, determina el rumbo de nuestra vida.

La convicción de que Jesús es Dios se remonta mucho antes del siglo IV a.C. Mucho antes de la vida de Jesús sobre la tierra.

Por ejemplo, el profeta Isaías escribió setecientos años antes de su nacimiento: "la virgen concebirá, y dará a luz un hijo, y llamará su nombre Emanuel" (Is. 7:14), y ese nombre significa "*Dios* con nosotros" (Mt. 1:23).

Isaías dijo muchas más cosas acerca de este niño que "nos es nacido" en cuyos hombros descansaría todo el poder y la autoridad del gobierno divino (Is. 9:6). Los nombres que recibió ese niño venidero (además de Emanuel) revelan claramente su divinidad:

> Admirable, Consejero, Dios Fuerte, Padre Eterno, Príncipe de Paz (v. 6).

Sin embargo, en caso de que las palabras proféticas del Antiguo Testamento suenen demasiado misteriosas para algunos, demasiado misteriosas para ser consideradas como evidencia, las sencillas palabras de Jesús mismo deberían bastar. Ellas contradicen cualquier declaración de que Él no era considerado divino cuando estuvo aquí en la tierra. Así es, porque Jesús mismo afirmó directamente su divinidad, declarando: "Yo y el Padre uno somos" (Jn. 10:30) y que "El que me ha visto a mí, ha visto al Padre" (Jn. 14:9). De hecho, en los años siguientes a la resurrección de Cristo, basado en esto el apóstol Pablo declaró a Jesús "la imagen del Dios invisible" (Col. 1:15) y además afirmó:

> Por cuanto agradó al Padre que en él habitase toda plenitud (Col. 1:19).

En su Hijo Unigénito. En Jesús el hombre, el Hijo de Dios.

No *un* hijo de Dios nada más, como declaran algunas religiones.

No una *creación* de Dios, como otros creen.

Jesús es Dios mismo. Esa es la verdad o, de lo contrario, el cristianismo es falso. Muchas implicaciones importantes se desprenden de esta realidad. He aquí solo tres de ellas:

1. Puesto que Jesús es Dios, es posible que conozcamos a Dios por medio de Cristo.

Desde los tiempos antiguos, ni siquiera a alguien de la estatura espiritual de Moisés se le concedió el privilegio de ver a Dios, que es "invisible" (He. 11:27). En ciertas ocasiones, las personas oían su voz y podían escribir lo que Él decía. Y en Éxodo 33:19-23, a Moisés se le permitió vislumbrar brevemente la "gloria" de Dios por detrás. Sin embargo, nadie había afirmado jamás que ha "visto a Dios" en su plenitud, hasta que vieron a Jesús. "El unigénito Hijo, que está en el seno del Padre, él le ha dado a conocer" (Jn. 1:18).

Detente a meditar en las palabras de ese versículo. Cuando miramos al Hijo vemos al Padre, no solo porque Él es el representante humano de Dios, su embajador en esta tierra, sino porque Jesús es "el resplandor de su gloria, y la imagen misma de su sustancia" (He. 1:3).

Jesús no nos ha abandonado a suposiciones acerca de cómo es el Padre. Nuestro Padre es como lo que vemos en su Hijo. Jesucristo es la forma de conocerlo y también de acercarnos a Él.

2. Puesto que Jesús es Dios, Él ha provisto para nosotros el único camino al Padre.

El mundo piensa que Jesús es un camino, entre muchos, para llegar a Dios. Según esto, somos libres para escoger lo que mejor nos parece, pero no podemos afirmar que nuestro camino es el único. Y, para ser sinceros, es posible debatir esa posición. El cristianismo podría ser solo una alternativa más en un universo religiosamente pluralista, si Jesús no fuera Dios.

No obstante, si es verdad que el pecado ha dejado una mancha indeleble en cada alma humana y que nadie puede presentarse ante de Dios por los méritos de su propia justicia, necesitamos una justicia que proviene de otra fuente, de Alguien que es tan justo como Dios mismo. Necesitamos un Dios que pueda salvarnos, no un sistema religioso al que podamos adherirnos.

"En ningún otro hay salvación" sino en el "nombre" de Jesús (Hch. 4:12), porque las buenas obras de ningún ser humano pueden lograr lo que solo Dios puede hacer por medio de lo que Jesús ha hecho y en virtud de lo que Jesús es. Porque Jesús es Dios.

3. Puesto que Jesús es Dios, Él es digno de recibir adoración, es digno de nuestra confianza y de ser obedecido como Dios.

¿Qué derecho tiene Jesús para exigir nuestra adoración y lealtad completas si Él es solo un hombre? Pero si es Dios, o, debo decir, porque Él es Dios, ¿cómo podemos adorar legítimamente algo o alguien más?

El fundador del cristianismo, Jesucristo mismo, afirmó ser Dios. No necesitó que otro lo dijera *en su lugar*. Él mismo lo declaró y nos ha salvado para que seamos suyos.

Por eso es innecesario que nos afanemos por encontrar a Dios por nuestra cuenta.

Aunque Jesús, en efecto, se hizo humano, ¿qué podemos perder si exageramos su humanidad en detrimento de su divinidad?

¿En qué afecta tu relación con Jesús el hecho de saber que Él es plenamente Dios?

Me inclino delante de ti, "nuestro gran Dios y Salvador Jesucristo" (Tit. 2:13). Ayúdame a identificar y a derribar todo ídolo, todo dios falso que he permitido que tome tu lugar en mi corazón. Mi adoración, mi amor y mi obediencia te pertenecen a ti y solo a ti. A ti debo mi vida, a tu gracia divina y a tu poder salvador.

AMÉN.

Día 11

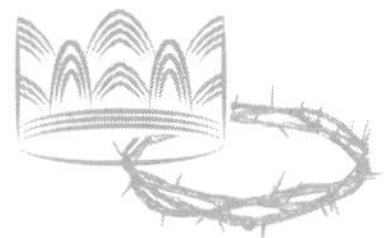

Hecho como nosotros

La humanidad de Cristo

Porque hay un solo Dios, y un solo mediador entre Dios y los hombres, Jesucristo hombre.

—1 TIMOTEO 2:5

Los bueyes bramaron y él despertó,
mas Cristo fue bueno y nunca lloró.

Esta es una bella canción, una canción de cuna que es la favorita de muchos en la temporada navideña. Me alegra que la escuchemos y la cantemos cada año. Pero, estoy segura de que el bebé Jesús, allá en el pesebre, hizo pleno uso de sus pulmones nuevos y lloró todo lo necesario. Nos hemos acostumbrado tanto al arte angelical y a los retratos excesivamente sentimentales de Jesús como bebé, niño y hombre, que a mi modo de ver hemos perdido su verdadera imagen.

Jesús fue un ser humano.

Sí, hemos hablamos de ello cuando exploramos el significado de la encarnación. Aun así, creo que vale la pena echar otra mirada y considerar más a fondo lo que supuso para Jesús vivir como ser humano sobre la tierra.

Su apariencia era como nosotros. Él respiraba como nosotros. Él tenía un cuerpo como el nuestro.

Sus experiencias sobre la tierra solo diferían en que Él era Dios (y nosotros no) y que Él no tenía pecado (y nosotros, por supuesto, tenemos más de lo que quisiéramos contar). Sin embargo, en todo lo demás Jesús fue como *nosotros.* Cuando la gente lo veía en la ciudad, no sospechaban de Él como si perteneciera a otra especie. Cuando Él se sentaba a comer, comía como cualquier otra persona en ese lugar del planeta. Cuando viajaba de un lugar a otro, no volaba por doquier como Supermán. Necesitaba diez minutos para hacer un recorrido de diez minutos.

Él era humano. Su cuerpo experimentaba dolor. Su piel se amorataba cuando se golpeaba. Sus venas sangraban cuando se cortaba. Además, experimentaba limitaciones y debilidades físicas. Él sabía lo que era estar cansado, hambriento y sediento.

Jesús no solo tenía un cuerpo físico como nosotros. También experimentaba emociones humanas. Tenía un alma humana en su cuerpo humano, una composición totalmente humana.

Una vez más, las pinturas lo retratan, en su mayor parte, carente de acción y expresividad; lo hacen ver estático, casi místico. Pero Jesús no era un robot sin sentimientos y con ojos inexpresivos. Por ejemplo, Él "se maravilló" al ver la fe de un centurión romano (Mt. 8:10). "Tuvo compasión" de las personas "desamparadas y dispersas" (Mt. 9:36). Se alegró porque sus discípulos amados crecieran en su fe (Jn. 11:15). Por otro lado, también "se conmovió en espíritu" (Jn. 13:21), oró de manera audible "con gran clamor y lágrimas" (He. 5:7). En el sepulcro de su buen amigo Lázaro, su reacción inmediata fue llorar (Jn. 11:35).

Todo ello evidencia que Jesús refleja la gloria del diseño original de Dios para los seres humanos: un hombre que verdaderamente lleva la imagen, la naturaleza y la semejanza del Padre. Es la clase de persona que tú y yo fuimos creados para ser y que seríamos si nuestro cuerpo y nuestra alma no hubieran sido contaminados por el pecado.

Hay quienes caen en la trampa de dar por hecho que nuestra parte física es mala. Somos propensos a sentir vergüenza o desagrado con nuestra apariencia, en las partes que no nos gustan, en áreas problemáticas con las que tanto luchamos. Aun así, era claro que para Jesús el cuerpo tenía gran valor e importancia. No olvides que Él conservó un cuerpo humano después de su muerte y resurrección. "Mirad mis manos y mis pies", dijo a sus discípulos cuando se apareció a ellos el primer día de resurrección. "Yo mismo soy; palpad, y ved" (Lc. 24:39).

Lo mismo se aplica a las emociones. Es posible que hayas crecido pensando que los sentimientos son peligrosos o impropios y que deberían suprimirse en lugar de expresarse, ya sea en público o en privado. En lugar de eso, Jesús expresó un amplio rango de emociones humanas. De modo que tener sentimientos e incluso expresarlos con sinceridad, obviamente no está mal. El problema es cuando nuestras emociones están motivadas por el pecado o son el resultado de deseos pecaminosos. O cuando expresamos esos sentimientos en el momento o lugar equivocado, o dejamos que nos arrastren a pensamientos o conductas pecaminosos.

En su condición de hombre, Jesús demostró la manera correcta de expresar las emociones humanas. Aunque se sintió plenamente libre para expresarlas, lo hizo de una manera equilibrada, íntegra y piadosa. Su corazón se conmovía por aquello que conmueve el corazón de Dios. Sus emociones estaban en sintonía con la verdad. Reflejaban los valores del reino, no los gustos, mezquindades y preferencias personales insignificantes.

Jesús se puso en nuestros zapatos. Él nos demostró lo que era realmente ser humano, creado a imagen de Dios.

Jesús vivió toda su experiencia humana en un mundo y en una cultura caídos, codeándose con hombres y mujeres caídos, lo cual significa que Él tuvo que hacer frente a los mismos desafíos nuestros. Y aunque por supuesto encarnó la perfección, Él tuvo que mantenerla en medio de las imperfecciones de la tierra.

Eso hace que su venida como ser humano sea tan extraordinaria. Eso debería llenarnos de asombro y deseos de adorar. Jesús sabía exactamente lo que iba a enfrentar viniendo a este mundo y aun así se sometió a sus condiciones. Aunque

> siendo en forma de Dios, [Él] no estimó el ser igual a Dios como cosa a que aferrarse (Fil. 2:6).

Él no se aprovechó de sus derechos como Dios ni los usó como excusa para no tener que rebajarse volviéndose como nosotros. Antes bien,

> se despojó a sí mismo, tomando forma de siervo, hecho semejante a los hombres (v. 7).

A. W. Pink, teólogo del siglo xx, lo expresa con estas palabras: "Él cubrió su gloria con un velo a fin de quitar nuestra culpa".[13] Fue un gesto tan incomparable de humildad que no nos permite en absoluto tener una actitud orgullosa o arrogante o exigir nuestros propios derechos.

Jesús se puso en nuestros zapatos. Él nos demostró lo que era realmente ser humano, creado a imagen de Dios. Lo que era ser plenamente humano, completamente obediente a Dios, y vivir en el gozo y en la plenitud de estar en relación con Él.

¿En qué cambia la humanidad de Jesús tu perspectiva acerca de tu propia humanidad?

¿Qué ves en Jesús que te ayuda a comprender mejor la razón por la cual Dios nos hizo humanos?

Señor Jesús, hay muchas razones para amarte. ¿Cómo no amarte más por esto? Por humillarte a ti mismo, por estar dispuesto a vestirte de carne humana y considerar que valíamos la pena. Cuando siento que no me respetan o que se aprovechan de mí, ayúdame a elegir, como tú, el camino de la humildad. Tú dejaste a un lado tu gloria por mí. Ayúdame a vivir para darte la gloria que mereces.

AMÉN.

Día 12

Valentía bajo control

La hombría de Cristo

¡He aquí el hombre!

—JUAN 19:5

Como una prueba de la medida en que nuestro mundo y su exagerada sensibilidad han afectado nuestra manera de pensar, observa si percibes cierta molestia cuando hago la siguiente declaración (a todas luces obvia): Jesús no solo era humano. Jesús era un hombre. Un varón.

Ayer vimos la humanidad de Jesús, algo que tenemos en común tanto hombres como mujeres. Cuando Él obedeció al Padre y resistió la tentación, nos dio ejemplo de virtudes que deben ser ciertas para todos los creyentes, tanto hombres como mujeres.

Sin embargo, Él también manifestó esa obediencia como hombre, no como mujer ni como algún tipo de ser andrógino. Y su masculinidad no fue un aspecto arbitrario de su encarnación. Dios no echó suertes para decidir si Jesús debía nacer hombre o mujer. La masculinidad de Jesús fue necesaria e importante en el plan redentor de Dios. La mayoría de los profetas del Antiguo Testamento fueron hombres. Todos los sacerdotes y los reyes fueron hombres. Y Cristo cumplió los tipos de profeta, sacerdote y rey según fueron delineados en el Antiguo Testamento. Por estas (y otras) razones, Él tenía que ser un hombre.

Jesús también expresó su humanidad en maneras que son características de la masculinidad. Él no era solo el ser humano perfecto, sino también el varón perfecto. Como tal, Él representa el modelo perfecto para todos los hombres.

En los Evangelios vemos su masculinidad llena de gracia en la manera en que trató a las mujeres. A diferencia de muchos hombres de su cultura, Él fue respetuoso con ellas. Las consideró dignas de ser reconocidas como personas, de ser protegidas en su dignidad y sus voces dignas de ser oídas. Él no fue distante ni difícil cuando estaba en presencia de mujeres; tampoco manipulador ni controlador en su manera de tratarlas. Cualquier mujer que ha sido herida, abandonada o traicionada por una figura masculina, que ha padecido por causa de una masculinidad tóxica y descompuesta en nuestra cultura, puede encontrar en Jesús la fidelidad perfecta, la comprensión perfecta, la honra perfecta, el amor perfecto. La masculinidad perfecta.

Sin embargo, ¿qué significa eso exactamente? Después de todo, la idea que tiene la gente de la masculinidad ideal ha fluctuado a lo largo de la historia y varía entre culturas. ¿Debería un hombre ser incansable, activo, decidido, poderoso? ¿Tierno, amable, compasivo, callado? ¿Un buen protector? ¿Alguien que sabe escuchar?

Sí. Y Jesús era todo eso en un equilibrio perfecto.

Él podía ser directo, incluso vehemente, cuando hablaba, pero también paciente y cercano. A juzgar por la manera en que volcó las mesas de los mercaderes en el templo (Jn. 2:13-17), podía ser agresivo; definitivamente no temía transmitir su mensaje con toda claridad. Por otro lado, también era amable y sobrio. "No contenderá, ni voceará", dijo Él de sí mismo, citando al profeta Isaías:

> Ni nadie oirá en las calles su voz.
> La caña cascada no quebrará,
> Y el pábilo que humea no apagará (Mt. 12:19-20).

Jesús sabía cuándo susurrar y cuándo alzar la voz. Él sabía cuándo extender misericordia y cuándo ejecutar juicio. Las personas sabían que era serio, pero también que hacía todo con amor. Él fue "lleno de gracia y de verdad" (Jn. 1:14). Él fue (y es) todo en uno, un verdadero Hombre.

Jesús encarnó a la perfección el desafío que más adelante lanzó Pablo en el Nuevo Testamento, donde dijo: "portaos varonilmente, y esforzaos" (1 Co. 16:13) o, como lo dice la Nueva Versión

Internacional, "sean valientes y fuertes". Esto nos recuerda la exhortación de Dios a Josué en el Antiguo Testamento: "te mando que te esfuerces y seas valiente" (Jos. 1:9).

En verdad, ¿existe un mejor modelo de fortaleza y valentía que Jesús? ¿Cuán fuerte y valiente tenía que ser para enfrentarse a los fariseos, los líderes religiosos indiscutibles de la comunidad judía? ¡Qué gran fortaleza y valentía tuvo Jesús para decir a sus discípulos que Él debía "ir a Jerusalén y padecer mucho de los ancianos, de los principales sacerdotes y de los escribas; y ser muerto, y resucitar al tercer día" (Mt. 16:21)!

Algunos protestaron, entre ellos Pedro, cuando exclamó a gran voz: "Señor, ten compasión de ti; en ninguna manera esto te acontezca" (v. 22). Pero Jesús era más fuerte que los que ingenuamente lo defendieron, más fuerte que los que con malicia lo condenaron. En cumplimiento de la antigua profecía, Él puso su "rostro como un pedernal" (Is. 50:7) y fue directo a enfrentar los vientos contrarios que se oponían a sus propósitos. Él permaneció firme, resuelto y constante. Se mostró fuerte y valiente desde el principio hasta el final.

Compáralo con Adán. Adán fue diseñado para ser un hombre perfecto. Fue puesto en un ambiente ideal y gozó de oportunidades diseñadas para que avanzara en el llamado que Dios le había hecho. Sin embargo, en el primer desafío real de su vida, por lo menos el primero que mencionan las Escrituras, Adán estaba ausente de su trabajo. Aunque estaba presente físicamente con su esposa Eva cuando ella fue blanco de los engaños de la serpiente (Gn. 3:6), al parecer se quedó ahí como un observador pasivo, visiblemente callado cuando más se necesitaba su sabiduría, iniciativa y liderazgo amoroso. Fracasó en protegerla y en intervenir a tiempo. En vez de liderar, mostró debilidad y prefirió distanciarse.

Cuán diferente es Jesús. No solo en su vida terrenal, sino también hoy, Cristo nos brinda un modelo de verdadera masculinidad como Salvador, Cabeza y Esposo de su Iglesia. Como el segundo Adán, Él intervino para deshacer los efectos del fracaso del primer Adán cuando no protegió un liderazgo espiritual para la mujer.

La masculinidad de Jesús es evidente en su búsqueda de su novia, la Iglesia, enamorándola y conquistando su corazón y, en su amor extraordinario, desinteresado y sacrificado, entregando su vida por ella. Él la rescata del peligro y la libra del mal. Él siempre está trabajando en aras de su bienestar y ha dispuesto todo lo que ella necesita para su gozo eterno.

Esa es la clase de cosas que los hombres de verdad hacen por quienes tienen bajo su cuidado. Y Jesús es el ejemplo supremo de lo que eso significa.

¿Quiere decir esto que solo los hombres deben inspirarse en su ejemplo? ¿Es erróneo que las mujeres valoren tener fortaleza y valentía? Por supuesto que no. Quiere decir simplemente que nuestra inspiración es el Hombre perfecto. Jesús acertó en toda la expresión de su masculinidad. Y por su Espíritu que mora en nuestro interior, Él puede facultarnos para vivir nuestra masculinidad y feminidad para la gloria de Dios.

Dicho esto, tengamos en mente que Cristo es el único hombre perfecto que ha vivido. No podemos esperar que otros hombres sean lo que solo Él puede ser. Así que, como la mujer en el pozo (que podía reconocer a un hombre imperfecto tan pronto lo veía), animemos a otros diciendo: "Venid, ved a un hombre" (Jn. 4:29) como ningún otro.

Cuando otros lo vean en su deidad, en su perfecta humanidad y sí, en su masculinidad, ¿cómo no pueden sentirse atraídos por Él?

¿De qué maneras la masculinidad de Cristo bendice a su novia, la Iglesia?

Como hombre o mujer, ¿de qué manera te anima o te inspira la perfecta masculinidad de Jesús?

Padre nuestro, en estos tiempos en que hay tanta confusión en cuanto a resistir tu buen plan para los hombres y las mujeres, te doy gracias por el regalo de tu Hijo que es ejemplo de lo que significa reflejar tu imagen como un hombre y honrar y cuidar a las mujeres, creadas en igualdad a tu imagen.

AMÉN.

Día 13

Meditemos en la paradoja

La doble naturaleza de Cristo

Pero cuando vino el cumplimiento del tiempo,
Dios envió a su Hijo, nacido de mujer.
—GÁLATAS 4:4

¿Por qué todavía nos resulta tan atractivo el pecado? Podríamos enloquecer tratando de resolver este enigma.

Los pecados que más nos tientan han resultado ser nuestros peores enemigos, causándonos más problemas y daños que cualquier otra cosa en nuestra vida. Aun así, de todas las maneras equivocadas y en todos los momentos equivocados, nos parecen atractivos, prácticos, cómodos, preferibles.

¿Cómo puede ser esto?

Después de muchos años y de muchos fracasos, esta es la mejor conclusión a la que he llegado: El pecado se vuelve atractivo en la medida en que aparto mis ojos de Jesús.

También lo opuesto es cierto. Cuanto más miro a Jesús, cuanto más logro conocerlo y aprendo a amarlo, menos atractivas parecen las tentaciones del pecado. Mis batallas parecen menos abrumadoras cuando me embeleso más y más en la grandeza y la belleza de quién es Él.

Así que cuando tú y yo meditamos en las verdades fundamentales de la naturaleza y la obra de Cristo, como en estas reflexiones, no lo hacemos para respirar el aire enrarecido de elucubraciones académicas. Tampoco debe intimidarnos cuando esos conceptos parecen complejos o difíciles, o cuando concluimos que en realidad no son útiles ni prácticos para nuestra vida diaria.

La verdad es que estas realidades cósmicas revisten una gran importancia para la vida diaria. Conforme buscamos comprenderlas, aun en su misterio, nos mueven a adorar y admirar, a pesar de nuestros corazones cansados de llevar cargas. Nos hacen desear más y más a Aquel que nos ama y desear menos aquellas cosas (o *ninguna* de ellas) que pretenden ayudarnos, pero solo nos lastiman.

Considera el desconcierto que produce conectar la *divinidad* de Cristo con su *humanidad*. En los primeros siglos de la era cristiana, se debatía con ardor acerca de cómo sintetizar estas afirmaciones que parecían contradictorias. ¿Cómo podía Jesús ser humano y divino? ¿Cómo podía serlo al mismo tiempo? ¿Cómo podía serlo la misma persona?

Los argumentos que se desprenden de esto han creado bandos entre líderes y maestros religiosos, algunos de los cuales defendieron ideas como estas (más adelante consideradas herejías):

1. Cristo era un ser sumamente exaltado, pero no completamente Dios.
2. Él tenía un cuerpo humano, pero no una mente y un espíritu humanos.
3. Él era dos personas diferentes (una humana, una divina) en un solo cuerpo.
4. Él era una combinación equivalente de las dos (en parte humano, en parte divino).

Después de generaciones de riñas de este tipo en asambleas de representantes eclesiales a lo largo de todo el mundo conocido, un cuarto Concilio se reunió, en el año 451 d.C., en la ciudad de Calcedonia. Y de esa reunión extendida de mentes sumergidas en las Escrituras para determinar lo que el Espíritu de Dios había revelado acerca del Hijo, desarrollaron lo que llegó a conocerse como el Credo de Calcedonia, el cual puede resumirse en las cuatro declaraciones siguientes:

1. Cristo es plena y completamente divino (plenamente Dios).
2. Cristo es plena y completamente humano (plenamente hombre).
3. Su naturaleza divina y su naturaleza humana son distintas (no están mezcladas).

4. Su naturaleza divina y su naturaleza humana están completamente unidas en una sola persona.

Este es uno de los conceptos teológicos más profundos; excede nuestra capacidad de entenderlo por completo. Aun así, ¿deberíamos realmente esperar menos de Jesús? Eso es lo que lo hace *incomparable*.

Jesús es completamente divino *y* completamente humano. Él existió como Dios desde antes que el tiempo existiera, pero adoptó la naturaleza humana cuando fue concebido por el Espíritu Santo en el vientre de María, sin disminuir esto de ninguna manera su deidad.

Esto afirmó la profecía mesiánica de Isaías:

> Porque un niño nos es nacido [*humanidad*], hijo nos es dado [*deidad*] (Is. 9:6).

En el Nuevo Testamento leemos que "Dios envió a su Hijo, nacido de mujer" (Gá. 4:4). Una misma persona y una sola persona, pero con dos naturalezas. Plenamente Dios, plenamente hombre.

Vemos la evidencia de ambas naturalezas en los Evangelios: Jesús podía asistir a una boda (una actividad humana) y transformar allí el agua en vino (una actividad divina). Él podía estar tan cansado como para quedarse dormido en una barca con sus discípulos (una característica humana), y al despertarse reprender una tormenta y calmar el mar (una característica divina).

La doble naturaleza de Jesús no es temporal, sino permanente. Jesús es *todavía* el Dios-hombre y lo será por siempre. Hoy está en su trono en el cielo con un cuerpo resucitado y glorificado (según creen muchos estudiosos de la Biblia) cuyas cicatrices de los clavos y de la lanza son aún visibles en sus manos y en su costado.[14]

Si Jesús fuera algo menos que plenamente humano y plenamente divino, no sería suficiente para nosotros. La doble naturaleza de Cristo es absolutamente esencial para el logro de nuestra redención.

¿Te da vueltas la cabeza cuando intentas pensar en esto? No eres el único. Este misterio ha desconcertado a los creyentes en cada siglo. Sin embargo, piensa en esto: si Jesús fuera algo menos que plenamente humano y plenamente divino, no sería suficiente para nosotros. La doble naturaleza de Cristo es absolutamente esencial para el logro de nuestra redención. "La unión de la deidad y de la humanidad de Cristo en una Persona", escribe el autor Matt Perman, "la hace tal que tenemos todo lo que necesitamos en el mismo Salvador".[15]

La humanidad de Cristo significa que Él está *dispuesto* a salvarnos.

La divinidad de Cristo significa que Él es *poderoso* para salvarnos.

Su disposición y su poder son todo lo que necesitamos. Y es lo que tenemos en Jesús.

Recuerda que la entrada de este Dios-hombre en el mundo fue por causa de *nosotros*. "Porque un niño *nos* es nacido" y un "hijo *nos* es dado". Éramos pecadores, enemigos de Dios separados de Él. Y Jesús, sin dejar de ser plenamente Dios, sin despojarse de su naturaleza divina, tomó la nuestra, humana, a fin de reconciliarnos con el Padre. ¡Qué prodigio! ¡Qué amor!

¿Por qué deberíamos sentir la necesidad de ser completos, de ser consolados, de encontrar soluciones en nosotros mismos, en nuestros pecados o en cualquier otro lado, cuando tenemos un Salvador como Cristo?

¿Por qué importa que Jesús sea una persona con dos naturalezas, completamente Dios y completamente hombre?

¿Cómo te ayuda en la vida entender la diferencia entre contemplar la tentación y mirar los ojos de tu Salvador?

Padre, te alabo por el misterio y el prodigio de la persona de Jesús que es completamente Dios y completamente humano. Él es todo lo que yo necesito y más, tanto ahora en el tiempo como en la eternidad. Él no solo estuvo dispuesto a salvarme, sino que también es capaz de librarme de la potestad y de la práctica del pecado. ¿Quién podría ser más hermoso y deseable para mí?

AMÉN.

Día 14

Intachable

La naturaleza sin pecado de Cristo

Él apareció para quitar nuestros pecados,
y no hay pecado en él.
—1 JUAN 3:5

Jesús nunca pecó.

Si has crecido en la iglesia, como yo, tal vez esa es una realidad evidente para ti. Sin embargo, las encuestas revelan que muchos estadounidenses en la actualidad no están tan seguros de ello. De hecho, cerca de la mitad de la población está en desacuerdo con esa afirmación. Entre los adultos que asisten a la iglesia, el porcentaje no siempre resulta más alentador.[16]

Así pues, conviene que nos detengamos a examinar esta afirmación acerca de Jesús y nos formulemos dos preguntas importantes:

- ¿Es verdad?
- ¿Por qué importa?

Es difícil expresar con mayor claridad que el apóstol Juan la naturaleza sin pecado de Jesús. Después de todo, él pasó tres años completos con Jesús en los que lo observó noche y día en situaciones que iban desde lo más estresante hasta lo más despreocupado. Con todo, Juan declaró que "no hay pecado en él" (1 Jn. 3:5). Lo mismo dijo Pedro: "no hizo pecado" (1 P. 2:22).

Jesús mismo afirmó que era sin pecado. A quienes *pensaron* que Él estaba pecando, es decir, que cometía alguna falta en su interpretación equivocada de la ley de Dios, Él respondió: "el que me envió [Dios mismo], conmigo está; no me ha dejado solo el Padre, porque yo hago siempre lo que le agrada" (Jn. 8:29). Poco antes de su muerte, Jesús reiteró dicha afirmación: "yo he guardado los mandamientos de mi Padre" (Jn. 15:10). Incluso lanzó un desafío a sus opositores, preguntándoles: "¿Quién de vosotros me redarguye de pecado?" (Jn. 8:46).

Nadie se atrevió a contradecirlo. De hecho, algunos enemigos de Jesús, e incluso algunos espectadores imparciales, dieron fe de su vida sin pecado.

- Pilato: "Ningún delito hallo en este hombre" (Lc. 23:4).
- Judas: "Yo he pecado entregando sangre inocente" (Mt. 27:4).
- El ladrón en la cruz: "este ningún mal hizo" (Lc. 23:41).
- Los demonios: "Yo te conozco quién eres, el Santo de Dios" (Lc. 4:34).

Desde una perspectiva bíblica, por tanto, el argumento de que Jesús no tuvo pecado es incontrovertible. Ahora pensemos en la segunda pregunta: ¿Por qué importa?

Importa porque *nosotros no somos sin pecado.*

En el instante en que Adán y Eva, los primeros humanos, eligieron desobedecer a Dios, el pecado quedó grabado en nuestro ADN. "Por la desobediencia de un hombre los muchos fueron constituidos pecadores" (Ro. 5:19), condenados a transmitir el pecado original de Adán a cada ser humano que nace de padres humanos. De modo que cada uno de nosotros vino a este mundo con una naturaleza pecaminosa:

- "En pecado me concibió mi madre" (Sal. 51:5).
- "No hay justo, ni aun uno" (Ro. 3:10).
- "Todos pecaron, y están destituidos de la gloria de Dios" (Ro. 3:23).

Eso significa que todos necesitamos a un Salvador, un Salvador *sin pecado*.

Necesitamos a Jesús, que hizo lo que Adán no pudo hacer. Necesitamos al que obedeció perfectamente la ley de Dios. Necesitamos al que "fue tentado... pero sin pecado" (He. 4:15).

Nos resulta difícil comprender cómo un hombre, incluso Jesús siendo hombre, es capaz de vivir sin pecado toda su vida. Tú y yo no podemos pasar un solo día sin pecar; Él lo hizo durante más de tres décadas. ¿Cómo fue posible que Él no tuviera una naturaleza pecaminosa como la de todo ser humano que ha vivido sobre la tierra?

La vida humana empieza en el momento de la concepción, el momento en que se juntan el ADN de un hombre y el de una mujer. No obstante, el bebé Jesús que nació en Belén no era el resultado de la unión física de un hombre y una mujer. Fue concebido de manera sobrenatural en el vientre de María por el poder del Espíritu Santo (Lc. 1:35), de modo que no hubo transmisión de pecado a Él de parte de María o José.

Por eso, el nacimiento virginal es tan crucial. Es lo que hace posible que Cristo participe de nuestra humanidad (nacido de mujer) sin participar de nuestra naturaleza pecaminosa (concebido por el Espíritu Santo). Y esto es de suma importancia porque es parte integral de la misión de Jesús cuando nos rescató de la maldición del pecado, ¡la razón misma por la cual vino a la tierra!

Como el Hijo de Dios sin pecado, Jesús pudo ofrecerse como sacrificio por nuestro pecado, cumpliendo de manera asombrosa el poderoso modelo que todo israelita de su época conocía muy bien.

Desde los primeros días del pacto de Dios con su pueblo escogido, los adoradores debían ofrecer animales como sacrificio para expiar sus pecados. Día tras día, año tras año, se sacrificaban corderos "sin defecto" (Éx. 12:5) y se derramaba su sangre delante de Dios. Día tras día, año tras año, miles de corderos inocentes morían la muerte que merecían los pecadores.

El nacimiento virginal es lo que hace posible que Cristo participe de nuestra humanidad (nacido de mujer) sin participar de nuestra naturaleza pecaminosa (concebido por el Espíritu Santo). Esto es parte integral de la misión de Jesús cuando nos rescató de la maldición del pecado.

Después de siglos de sacrificar esos corderos en lugar de los pecadores, imagina el momento en que Juan, mientras bautizaba en el río Jordán, vio que Jesús se acercaba y con asombro y reverencia lo señaló y dijo a la multitud: "He aquí el Cordero de Dios, que quita el pecado del mundo" (Jn. 1:29). ¿Qué pasó por la mente de los que estaban allí presentes?

Ellos sabían que, para quitar el pecado, un cordero debía ser perfecto y morir. Ahora, delante de sus ojos estaba el Cordero de Dios sin pecado que iba a morir por los pecados del mundo. Era el sustituto perfecto.

El Hijo de Dios no tenía pecado alguno que estropeara su historial; Él era completamente inocente, sin mancha. Fue acusado falsamente y padeció una muerte que no merecía, la muerte que nosotros merecíamos justamente por cuenta de nuestro pecado. Él es el sacrificio perfecto que por sí solo podía expiar ese pecado. Y maravilla de maravillas, fuimos declarados justos en virtud de su muerte en nuestro lugar. "Porque también Cristo padeció una sola vez por los pecados, el justo por los injustos, para llevarnos a Dios" (1 P. 3:18).

Esta fue la misión que Él vino a cumplir y la completó a la perfección. Dios "por nosotros lo hizo pecado, para que nosotros fuésemos hechos justicia de Dios en él" (2 Co. 5:21).

Sí, hasta que su obra transformadora y santificadora en nosotros se complete, el pecado que mora en nuestra carne mortal seguirá asomando su horrible cabeza, pero la buena noticia es que ya no tenemos que vivir bajo el control del pecado.

Tenemos una salida gracias a nuestro Cristo que no cometió pecado.

¿Por qué era necesario que Jesús llevara una vida sin pecado para ser nuestro Salvador?

En nuestra batalla contra el pecado, ¿en qué afecta el hecho de que Cristo sea sin pecado?

Amado Cordero de Dios, cuán agradecido estoy porque tú, sin pecado, moriste por los pecadores como yo, a fin de que pudiéramos ser declarados justos a los ojos de Dios. Tú eres digno de toda mi adoración y amor.

AMÉN.

Día 15

El peso de gloria

La transfiguración de Cristo

Padre, aquellos que me has dado, quiero que donde yo estoy, también ellos estén conmigo, para que vean mi gloria.

—JUAN 17:24

Jesús pasó cada día de su vida a la sombra de la cruz. Estuvo ahí siempre frente a Él: el rechazo, la humillación, el sufrimiento indecible, la muerte espantosa.

Por otro lado, sus seguidores vieron sus milagros, su sabiduría, su carisma con la gente y su conexión evidente con el Padre celestial. Cuanto más llegaron a reconocer que Él era verdaderamente su Mesías, más desconcertados quedaban con las repetidas predicciones de fatalidad y desolación, de que iba a ser arrestado, azotado, torturado y asesinado. ¿Cómo podía ocurrir tal cosa? La misión del Mesías era llevarlos a la victoria, conquistar a sus opresores, conducir a su pueblo a un nuevo día de libertad, cambiar todo para bien. Se supone que su venida iba a ser gloriosa, no dolorosa.

Pues bien, en parte tenían razón.

Una noche, durante un retiro en la cima de una montaña, a tres discípulos los despertó el resplandor de una luz intensa. Jesús, que había estado orando mientras sus acompañantes dormían (algo que, como descubrimos, no era inusual), empezó a emanar luz como un relámpago. No era como un foco de luz que apuntaba a Él, sino que de su interior salía luz resplandeciente. "Resplandeció su rostro como el sol" (Mt. 17:2) "y sus vestidos se volvieron resplandecientes, muy blancos, como la nieve, tanto que ningún lavador en la tierra los puede hacer tan blancos" (Mr. 9:3).

¡Gloria! Más gloria de la que ellos podían imaginar jamás, una escena de maravilla tan espectacular que ellos nunca olvidarían. "Como habiendo visto con nuestros propios ojos su majestad", escribió uno de ellos más adelante al recordar el suceso (2 P. 1:16). "Y vimos su gloria, gloria como del unigénito del Padre" (Jn. 1:14).

Luego, como si no fuera suficiente ver a Jesús mismo en estado glorificado, los discípulos se dieron cuenta de que otros dos hombres estaban allí, "hablando con él" (Mt. 17:3). Lograron identificar a los recién llegados como dos notables figuras espirituales que desempeñaron un papel extraordinario en la historia de Israel: Moisés el gran dador de la ley, cuyo rostro reflejó la gloria de Dios cuando descendió de estar en su presencia, y Elías, el profeta que no murió, sino que fue transportado vivo al cielo en un carro de fuego, lo cual prefiguró la ascensión de Jesús al cielo.

> **En ese momento, los discípulos vislumbraron la gloria que Jesús había disfrutado en el cielo antes de venir a la tierra, la gloria que Él había dejado a un lado temporalmente para tener un cuerpo humano.**

Los discípulos quedaron pasmados. Pedro, "no sabiendo lo que decía" (Lc. 9:33), balbuceó algo acerca de construir una cabaña o algo parecido, un lugar donde pudieran acomodarse y quedarse en la montaña para siempre. No quería bajar de ahí jamás.

En ese momento, lo interrumpió algo así como una orden real que fue el factor decisivo. "Mientras él aún hablaba, una nube de luz los cubrió; y he aquí una voz desde la nube, que decía: Este es mi Hijo amado, en quien tengo complacencia; a él oíd" (Mt. 17:5).

Asómbrate juntamente conmigo y con Pedro, Santiago y Juan, frente a ese acontecimiento glorioso. Fue la única ocasión en la vida terrenal de Jesús en que la plenitud de la deidad resplandeció a través del velo de su humanidad. En ese momento, los discípulos vislumbraron la gloria que Jesús había disfrutado en el cielo antes de venir a la tierra, la gloria que Él había dejado a un lado temporalmente para tener un cuerpo humano. Ellos fueron testigos de un anticipo del cuerpo glorificado que Jesús iba a recibir después de su muerte y resurrección, y de la gloria desvelada que emanará de Él por toda la eternidad.

Y desde ese monte, conocido en lo sucesivo como el monte de la transfiguración, Jesús podía fácilmente haberle puesto fin a la pesada carga que fue enviado a soportar en la cruz. ¿Qué le impedía regresar en ese momento con su Padre, cuya voz todos oyeron, y sentarse y reinar con Él para siempre?

Sin embargo, la conversación que los tres discípulos alcanzaron a oír entre Moisés, Elías y Jesús no se trataba de las glorias celestiales que tenía Jesús por delante. Antes bien, "hablaban de su partida", de su *muerte,* "que iba Jesús a cumplir en Jerusalén" (Lc. 9:31). Al parecer, ellos sabían lo que Jesús también sabía:

- Antes de su exaltación debe venir su humillación.
- Solo después de su humillación puede venir su reivindicación.

No habría gloria sin una cruz.

El centro de la conversación entre Jesús y estos dos héroes del Antiguo Testamento fue su "partida". La palabra griega que se usa aquí es *exodos,* cuya conexión con la palabra *éxodo* reconocemos de inmediato. Y ese es un tema con el que Moisés estaba familiarizado. Cuando los hijos de Israel estaban en esclavitud bajo el yugo de crueles capataces egipcios, Dios levantó a Moisés como su libertador. Pero el éxodo del Antiguo Testamento sirvió de anuncio del éxodo del Nuevo Testamento, una misión bajo el liderazgo de un mejor Libertador. ¿Cuál era el propósito? Redimirnos de nuestra esclavitud de un tirano más siniestro, el pecado humano.

Así que incluso en ese monte de la transfiguración, rodeados de luz y de sonidos celestiales, la cruz siguió siendo el elemento central. Así como en todas las otras noches y mañanas que transcurrieron en la vida de Jesús, su sufrimiento futuro en la cruz fue el pensamiento predominante. Una vez más vemos que elige someterse y sacrificarse al no regresar al cielo en ese momento glorioso en la montaña. En lugar de eso, elige descender de la montaña al valle donde iba a encarar las urgentes necesidades humanas, las fuerzas demoniacas, la enfermedad, el pecado y la muerte. Descendió allí donde Él mismo, en poco tiempo, iba a ser ejecutado.

"Quedémonos aquí", sugirió Pedro, disfrutando la euforia del momento. (¿Quién puede culparlo?). Pero el plan de Dios para su Hijo era la cruz. Y en lugar de aferrarse al portento indescriptible de esa montaña consagrada, Jesús aceptó con gusto la voluntad de su Padre, sabiendo que la gloria venidera tenía que estar precedida de su muerte por el pecado.

La misma cruz que lo llevó a descender del cielo lo hizo descender en obediencia de la cima de esa montaña.

Y por ello, gracias a la cruz, podemos gustar de su gloria.

¿Cuáles son algunas vislumbres de gloria que Dios en su gracia te ha dado para animarte en tu peregrinaje aquí en la tierra?

¿De qué manera eres llamado a seguir el ejemplo de Jesús de soportar las dificultades aquí en la tierra con miras a la recompensa prometida que ha de venir?

Dios de gloria, te adoro. Gracias por permitirnos vislumbrar a Jesús vestido de gloria. Gracias porque Él estuvo dispuesto a dejar de lado sus derechos y a humillarse hasta la muerte en la cruz. Te pido que me ayudes a vivir "mirando a cara descubierta como en un espejo la gloria del Señor, [siendo] transformados de gloria en gloria en la misma imagen" (2 Co. 3:18). Tuya es toda la bendición, la honra, la gloria y la alabanza.

AMÉN.

Día 16

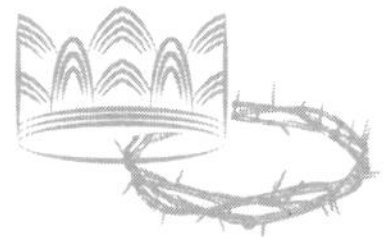

Así dice el Señor

El ministerio profético de Cristo

Profeta de en medio de ti...
te levantará Jehová tu Dios.
—DEUTERONOMIO 18:15

Sabían que esperaban a un profeta.

El profeta.

Moisés, uno de los más grandes profetas del Antiguo Testamento, fue el primero en declararlo.

En Deuteronomio 18, Moisés había exhortado al pueblo a no ser como las naciones paganas vecinas, las cuales buscaban la guía de adivinos y brujos. En lugar de eso, debían escuchar a Dios. Sin embargo, la voz de Dios era a todas luces aterradora para los pecadores. De hecho, cuando el pueblo de Israel recibió originalmente la ley en el monte Sinaí, ellos rogaron: "No vuelva yo a oír la voz de Jehová mi Dios, ni vea yo más este gran fuego, para que no muera" (Dt. 18:16).

Por miedo a ser consumidos por la presencia y la gloria de Dios, el pueblo quería que Él les hablara a través de un intermediario humano como Moisés, por medio de un profeta.

El Señor, atendiendo a su petición, declaró su intención de honrarla. Fue entonces que prometió a Moisés: "Profeta les levantaré" (v. 18), quien sería como Moisés en muchos aspectos: un maestro, un gobernante, un libertador, solo que más grande. Fue a través de este Profeta supremo que Dios iba a darse a conocer y a revelar su voluntad a su pueblo:

> ... pondré mis palabras en su boca, y él les hablará todo lo que yo le mandare (v. 18).

Sí, había venido un profeta. Moisés.

Pero *el* Profeta aún tenía que venir.

Generación tras generación después del éxodo, aparecían nuevos profetas en el escenario de la historia judía, cada uno con las mismas cualidades que los definían:

- *Los profetas eran escogidos y enviados por Dios.* No se elegían a sí mismos para el cargo.
- *Dios les hablaba,* revelándoles su voluntad, diciéndoles lo que Él quería que supiera su pueblo en forma de anuncios, instrucciones, palabras de aliento y advertencias.
- *Los profetas escuchaban a Dios.* Recibían su revelación.
- *Los profetas proclamaban el mensaje que recibían.* No debían hablar sus propias palabras o ideas, sino lo que Dios les mandaba decir a su pueblo. Su mensaje era: "Así dice el Señor".

Aun así, incluso cuando profetas como Elías, Isaías y Jeremías ejercieron su papel profético, persistía la creencia, basada en la promesa de Deuteronomio, de que Alguien mayor iba a venir. De hecho, muchos profetas anunciaron su venida. Ese Profeta sería el Mesías, Aquel que iba a guiar al pueblo de Dios, que iba a enseñarles, aconsejarlos y liberarlos en medidas mucho más grandes de lo que Moisés había hecho. Cada generación sucesiva anticipaba con ansias la venida de ese Profeta.

Luego, después de Malaquías, la palabra profética quedó silenciada. Pasaron cuatro siglos sin una sola palabra del cielo. Las personas necesitaban conocer la voluntad de Dios y los caminos de Dios. El anhelo por la venida del Prometido aumentó. La expectativa se agudizó.

Por eso, en los días de Juan el Bautista, los sacerdotes judíos le preguntan específicamente: "¿Eres tú el profeta?" (Jn. 1:21). Aunque la respuesta de Juan fue negativa, la gente sabía que tenía que seguir atenta. Algunos de los que oyeron la enseñanza de Jesús y observaron sus milagros y maravillas expresaban con entusiasmo sus conclusiones: "Verdaderamente este es el profeta" (Jn. 7:40), "el profeta que había de venir al mundo" (Jn. 6:14).

Cuanto más lo oían, más resueltos estaban a afirmar que Él practicaba la doble función del papel profético:

- *Predicción*: declarar sucesos venideros, tales como su sufrimiento y muerte, su resurrección, la destrucción de Jerusalén, su Segunda Venida y el juicio final.
- *Revelación*: dar a conocer el carácter, el corazón y la sabiduría de Dios; explicar la ley y el evangelio; predicar las buenas nuevas a los pobres.

Lo hizo no solo como *un* profeta, como algunas religiones lo han llamado, sino como *el* Profeta.

Jesús mismo declaró que el mensaje que Él traía lo había recibido de Dios:

> Porque yo no he hablado por mi propia cuenta; el Padre que me envió, él me dio mandamiento de lo que he de decir, y de lo que he de hablar (Jn. 12:49).

Jesús fue y es el Portavoz supremo de Dios. Su Palabra tiene autoridad y es verdadera. Cuando Moisés predijo la venida de ese Profeta, dijo: "a él oiréis" (Dt. 18:15). Además, Dios advirtió: "Mas a cualquiera que no oyere mis palabras que él hablare en mi nombre, yo le pediré cuenta" (v. 19).

Más adelante, Pedro dijo: "Y todos los profetas desde Samuel en adelante, cuantos han hablado, también han anunciado estos días" (Hch. 3:24), precisamente aquellos días de Jesús y su papel único como Mesías. El autor de Hebreos lo expresa de esta forma: "Dios, habiendo hablado muchas veces y de muchas maneras en otro tiempo a los padres por los profetas, en estos postreros días nos ha hablado por el Hijo" (He. 1:1-2).

Y a pesar de que han transcurrido más de dos milenios desde entonces, tú y yo seguimos siendo parte del público al que se dirigen esas palabras. Tenemos la declaración del Padre acerca de Jesús como su Hijo en el monte de la transfiguración. Tenemos el ejemplo de su vida y el cumplimiento documentado de cada palabra que Él habló acerca de sí mismo sobre la tierra. "Tenemos también la palabra profética más segura, a la cual hacéis bien en estar atentos como a una antorcha que alumbra en lugar oscuro, hasta que el día esclarezca y el lucero de la mañana salga en vuestros corazones" (2 P. 1:19).

Ninguna otra palabra va a venir. Ninguna otra palabra hace falta. Cristo, el Profeta prometido, ungido y enviado por Dios, nos ha mostrado la voluntad, la mente y los propósitos de Dios. Nos lo muestran las Escrituras y nos lo revela el Espíritu Santo. Ahora nuestro deber consiste en escucharlo, en creer y obedecer su Palabra, y en proclamarla a otros, porque Él dijo a sus seguidores: "Como me envió el Padre, así también yo os envío" (Jn. 20:21).

Aun quienes conocieron bien a Jesús cuando vivió entre nosotros fallaron muchas veces en tomar en serio su mensaje profético. ¿Cómo puedes cultivar y mantener un corazón que cree y presta atención a su Palabra?

Vivimos en un mundo pluralista que rechaza la verdad absoluta y anima a cada cual a buscar su propia "verdad". ¿Por qué puedes comunicar a otros con confianza y sin temor la Palabra de Cristo?

Gracias, Padre, porque estuviste dispuesto a comunicar tu verdad a tu pueblo a través de las palabras de los profetas antiguos y en estos "últimos días" a través de tu Hijo Jesús. Ayúdame a oírlo, a prestar atención a su Palabra, a creerle y adorarlo como el Profeta supremo, no como uno más entre muchos otros.

AMÉN.

Día 17

Palabras asombrosas

La enseñanza de Cristo

Y se admiraban de su doctrina;
porque les enseñaba como quien tiene autoridad.

—MARCOS 1:22

Yo era una de esas extrañas criaturas a quienes les fascinaba la escuela. Siempre disfrutaba sentarme y oír a mis maestros, bueno, casi siempre. Y soñaba con llegar a ser maestra.

Desde entonces, he tenido la oportunidad de estudiar bajo la tutela de muchos maestros; algunos excelentes comunicadores que me mantenían cautiva, otros cuyo conocimiento e intelecto me excedían, y unos pocos que, para ser sincera, era difícil escuchar por mucho tiempo.

Asimismo, he tenido la dicha de enseñar la Palabra de Dios durante muchos años, de modo que entiendo el esfuerzo que supone organizar lo que a menudo parecieran divagaciones para convertirlas en algo significativo que comunica claramente la verdad de Dios. Estoy familiarizada con el desafío que supone llegar a los corazones de los oyentes de un modo que comunique vida y transforme vidas.

Con eso en mente, me gustaría meditar juntamente contigo en lo que debió ser la experiencia de oír a Jesús enseñar.

Después de todo, Él era un maestro experto. De hecho, Maestro fue uno de los títulos principales que le dieron sus seguidores. Estoy segura de que era asombroso oírlo.

Los autores del Evangelio relataron precisamente que las personas *admiraban* y se *asombraban* cuando oían a Jesús ministrar en persona. Algunos, por supuesto, "se escandalizaban" (Mt. 13:57), ya fuera por lo poco convencional que era o por su libertad para hablar sobre verdades incómodas que señalaban la hipocresía en los corazones de las personas. Sin embargo, aun los que se ofendían no podían evitar asombrarse por las cosas que Él decía y por la manera en que las decía.

Para quienes están familiarizados con la historia de Jesús, puede ser difícil comprender cuán original y estimulante sonaba Él a sus oyentes, cuánto contrastaba su estilo de enseñanza con lo que estaban acostumbrados a oír. Los escribas, los rabinos y otros maestros religiosos de la época dedicaban su vida a estudiar y a examinar hasta el mínimo detalle de la ley mosaica. Jesús llamó a esto "colar el mosquito" (Mt. 23:24). Él, en cambio, enseñó sobre temas que realmente importaban, como el reino de Dios, el Rey que lo gobierna y la grandeza del propósito, la libertad y la abundancia que las personas podían recibir de Él.

La enseñanza de Jesús trasciende el tiempo; nunca se vuelve obsoleta. Tiene relevancia eterna para cada persona en cada cultura y en cada momento de la historia.

Jesús tampoco dependía de fuentes prestadas. Ese es otro aspecto que asombraba a sus oyentes. Estaban acostumbrados a maestros que dependían principalmente de la tradición y de los precedentes, que citaban referencias de lo que otros habían dicho en el pasado. En cambio, Jesús enseñaba "como quien tiene autoridad, y no como los escribas" (Mt. 7:29). Él sabía lo que decía.

Aunque Jesús no había recibido una capacitación formal y a pesar de que había pasado sus años formativos como artesano de oficio, Él conocía las Escrituras, no solo las palabras sino la sabiduría. (Según mis cuentas, Él citó hasta veinticuatro libros del Antiguo Testamento en su enseñanza y en conversaciones documentadas en los Evangelios). Además, Jesús sabía cómo aplicarla a la vida de sus oyentes. Cuando la verdad que Él enseñó era recibida por quienes querían oír, sus palabras transmitían una credibilidad inmediata.

Por otro lado, sus palabras también emanaban otra cualidad: amor genuino. Piensa con cuánta frecuencia los escribas solo predicaban para impresionar, acumular méritos académicos o inflar su propio sentido de superioridad con el aire caliente de sus sermones. En cambio, el interés de Jesús se centraba en sus oyentes, en captar su atención, en estimular su imaginación, en tocar sus corazones con la verdad. En lugar de sobrecargarlos con su intelecto, les enseñó con historias y descripciones gráficas con las cuales podían identificarse, con un mensaje directo y sencillo que hasta un niño podía comprender.

¿Por qué? Porque a Él le importaban realmente sus oyentes. Él conocía sus corazones. Él sabía lo que necesitaban. Y Él quería que ellos conocieran, como Él, el amor del Padre.

Así que donde otros maestros daban rodeos, Jesús iba al grano.

Donde era difícil seguir a otros maestros, Jesús era ordenado y sensible.

Donde ellos se expandían en enredos, Él hablaba con pureza y claridad.

Donde ellos se escondían detrás de las palabras, Él vivía lo que enseñaba.

Su enseñanza trasciende el tiempo; nunca se vuelve obsoleta. Tiene relevancia eterna para cada persona en cada cultura y en cada momento de la historia.

Y aunque Jesús *atrajo* a numerosos oyentes, no *buscó* las multitudes. Incluso en su sermón del monte, la impresión que nos dan las Escrituras es que Él empezó hablando a un grupo pequeño de sus discípulos (Mt. 5:1), el cual fue creciendo hasta convertirse en multitudes (Mt. 7:28) conforme se acercaban otros interesados.

De hecho, Jesús pasó gran parte de su tiempo no enseñando a multitudes sino interactuando con su pequeño grupo de doce y, en muchas ocasiones, con un grupo central de tres. En ese círculo íntimo, Jesús entretejió verdades eternas con momentos cotidianos. Permitió a sus seguidores que hicieran preguntas. Encauzó las conversaciones casuales para convertirlas en oportunidades para exponer la perspectiva de Dios sobre temas relevantes y eternos.

Y ahí, creo yo, es donde radica nuestra enseñanza más eficaz, porque todos estamos llamados a ser maestros, ya sea que ejerzamos o no profesionalmente. El autor de Hebreos lo expresó de este modo: "Porque debiendo ser ya maestros, después de tanto tiempo, tenéis necesidad de que se os vuelva a enseñar cuáles son los primeros rudimentos de las palabras de Dios" (He. 5:12). No solo debemos ser *receptores*, sino también *vehículos* de la enseñanza de Cristo, transmitiendo siempre a otros lo que hemos aprendido de Él.

Nuestros hogares, las mesas donde comemos, los grupos pequeños e, incluso, nuestras interacciones más casuales son lugares de enseñanza. Puede que las personas no llenen cuadernos con anotaciones de lo que decimos, pero Dios puede hablar a través de quienes lo amamos a Él y su Palabra, y nos interesa sinceramente el bienestar espiritual de nuestro prójimo.

Como Jesús cuando enseñó.

¿Qué clase de autoridad y peso tiene la enseñanza de Jesús en tu vida? ¿Contemplas con admiración su Palabra, consciente de que cuando Cristo habla es Dios quien habla?

¿Cuáles son algunas oportunidades para enseñar que has pasado por alto en tu vida pero que podrías aprovechar para transmitir a otros lo que has aprendido de Él?

Gracias, Padre, por enviar a Jesús para ser nuestro Maestro. En Él vemos, además de los métodos de enseñanza eficaz, su corazón, tu corazón. No permitas que deje de ser un estudiante de Jesús y de tu Palabra. Te pido que pueda estar atento a las oportunidades para usar lo que me has enseñado y ayudar a otros con tu verdad.

AMÉN.

Día 18

La raíz de toda virtud

La humildad de Cristo

Aprended de mí, que soy manso y humilde de corazón;
y hallaréis descanso para vuestras almas.
—MATEO 11:29

En su descripción del ser y del carácter de Dios, los teólogos marcan con frecuencia la diferencia entre lo que ellos denominan sus atributos *incomunicables* y *comunicables.* Estos términos complicados significan simplemente que algunas cualidades de Dios le pertenecen solo a Dios y de otras Él nos permite participar juntamente con Él, aunque obviamente en menor medida.

Los atributos incomunicables son aquellos que nunca podremos tener, como la omnisciencia, la omnipresencia o la perfección de Cristo que fue sin pecado.

Los atributos comunicables son aquellos a los que podemos y debemos aspirar, como el amor, la misericordia y la compasión.

Y la *humildad,* una de las características por las que Jesús es verdaderamente *incomparable.* También es una cualidad que Él nos invita a experimentar juntamente con Él, a participar de ella y a crecer en ella, para mediante ella llegar a ser más como Él.

El ideal cristiano de humildad fue un concepto revolucionario en el mundo antiguo. Los griegos ni siquiera tenían una palabra para ello. Lo más cercano en su cultura era la idea de ser *sumiso,* cuyo significado se refería más bien a alguien tímido, débil o cobarde, lo cual no describía para nada a Jesús.

Así que en su enseñanza acerca de la humidad y, más importante aún, en su personificación de la humildad, Jesús defendió algo que muchos de sus contemporáneos nunca habían considerado, apreciado o deseado. Él transformó una cualidad humana que consideraban debilidad o incluso defecto en una virtud, lo que Andrew Murray llamó una vez "la raíz de toda virtud".[17] Porque la verdadera humildad tal y como Jesús demostró es lo opuesto al orgullo que, como nos dicen las Escrituras, es la raíz de todo pecado.

El orgullo de Adán y Eva, su autoexaltación, su exigencia de derecho y privilegio, su deseo de no someterse a las directivas de Dios, causaron el rompimiento de su relación con Dios en el huerto. Todos los seres humanos hemos sufrido desde entonces por cuenta de ello. Analiza cada fracaso que has experimentado, ya sea en tu propia vida o en la de otros, y dime si su fuente no se encuentra en la presunción del yo, en un deseo egoísta, en la poca disposición a esperar en Dios o someterse a su Palabra.

Por el contrario, examina la vida de Jesús y por doquier verás humildad. De todas las personas, Él tenía verdaderos motivos para ser orgulloso y, aun así, demostró sin cesar lo contrario. Por ejemplo:

1. Jesús dejó la majestad y el esplendor del cielo y vino a esta tierra como ser humano.

Sin pompa y sin algarabía, Jesús le nació a una jovencita pobre en circunstancias humildes. Él renunció a sus derechos y privilegios como Dios y al ejercicio independiente de sus atributos divinos, lo cual sin duda fue el acto de humildad más profundo que pueda concebirse o llevarse a cabo.

2. Jesús no buscó la honra ni la alabanza de los demás.

Jesús, por supuesto, era digno de toda la gloria, y recibió la gloria y la afirmación de su Padre. Sin embargo, no las buscó de nadie más ni se inclinó a ellas (Jn. 8:50). Él sabía que la alabanza y la honra humanas no podían sostenerlo, como tampoco a nosotros. De modo que ni siquiera las quiso: "Gloria de los hombres no recibo" (Jn. 5:41).

3. Jesús vivió en dependencia total de su Padre celestial.

Nada que existía en el mundo físico estaba más allá de su poder y control o fuera de su alcance para usar en beneficio personal. Con todo, Jesús se sometió a hacer solo lo que su Padre le dijo o le mostró que hiciera, anteponiendo con humildad los planes de su Padre por encima de los suyos. "No puede el Hijo hacer nada por sí mismo", insistió Él, "sino lo que ve hacer al Padre" (Jn. 5:19). Por consiguiente, dijo: "nada hago por mí mismo" (Jn. 8:28) y "no busco mi voluntad, sino la voluntad del que me envió" (Jn. 5:30).

4. En vez de buscar lo suyo, Jesús antepuso las necesidades de otros a las suyas.

A sus discípulos, que se les había subido a la cabeza el hecho de pertenecer al círculo íntimo de Jesús, se les oía muchas veces discutiendo entre sí, compitiendo acerca de quién era el más importante. En cambio, Jesús les recordaba con mansedumbre: "el que quiera hacerse grande entre vosotros será vuestro servidor" (Mr. 10:43), un ejemplo que Él vivió cada instante, calladamente y con humildad. "Porque el Hijo del Hombre no vino para ser servido, sino para servir, y para dar su vida" (v. 45).

Examina la vida de Jesús y por doquier verás humildad.

La humildad de Jesús fue evidente cuando se rebajó como el menor de los siervos para lavar los pies de los discípulos; cuando montó en un burro ordinario para entrar en Jerusalén en cumplimiento de la profecía del Antiguo Testamento (Zac. 9:9); cuando fue difamado, calumniado y acusado falsamente y rehusó vengarse o defenderse. Y como la expresión suprema de su humildad,

> ... se humilló a sí mismo, haciéndose obediente hasta la muerte, y muerte de cruz (Fil. 2:8).

¡Asombroso!

Ahora bien, hemos dicho que la humildad es un atributo comunicable. Es algo que Jesús quiere compartir con nosotros para nuestro bien y, especialmente, para la gloria de Dios. ¿Cómo podemos entonces cultivar esa virtud extraordinaria?

Jesús nos invita con estas palabras: "Aprended de mí, que soy... humilde de corazón". Medita en Él. Contempla su humildad, su servicio, su amor, lo que estuvo dispuesto a hacer para rebajarse y rescatarnos. Medita en la cruz. Porque si aprendemos de Cristo y elegimos el camino de la humildad "[hallaremos] descanso" (Mt. 11:29).

Seremos liberados del afán por buscar popularidad.

Seremos libres de toda clase de autopromoción.

Estaremos satisfechos con la opinión que tiene Dios de nosotros en Cristo.

Cultivar desde sus raíces la humildad hará crecer algo verdaderamente hermoso en nuestra alma.

¿Por qué nos atrae la humildad que vemos en otros y aun así nos resulta tan difícil ser humildes?

¿De qué manera te motiva el ejemplo de Jesús a elegir el camino de la humildad?

Padre santo, tengo mucho que aprender del ejemplo incomparable de humildad de Jesús. Perdóname por las maneras en que me exalto a mí mismo y obro por orgullo, exigiendo que se haga lo que yo quiero. Hoy me inclino ante ti, reconociendo que nada tengo de qué enorgullecerme. Llena mi corazón con la humildad de Jesús de tal modo que tú recibas toda la gloria.

AMÉN.

Día 19

Un cántico en la noche

La serenidad de Cristo

De noche su cántico estará conmigo,
y mi oración al Dios de mi vida.
—SALMO 42:8

¿Cuándo fue la última vez que oíste llamar a alguien "sereno"? *Serenidad* es una palabra de muy poco uso en la actualidad. Definitivamente no describe la era en la que vivimos. Estamos más familiarizados con el afán, el trajín, las multitareas durante 24 horas al día los 7 días de la semana, el estrés por las nubes, los ataques de pánico y los desórdenes de ansiedad. La tranquilidad y la calma son cualidades que muchos anhelan, pero resultan esquivas. Por eso existen avisos publicitarios como el que vi una vez en Internet: "La píldora de la serenidad" *¡Sí! ¡Denme una!* Serenidad en una caja, ¿así no más?

Tal vez, en este preciso momento, desearías poder aflojar el ritmo. O deshacerte de una preocupación que persiste y no tiene solución. O llevar tu mente estresada de vacaciones a la playa o a las montañas. Lo que sea que te libere de la carga que llevas o restaure en ti un sentimiento de paz y serenidad que se extinguió hace mucho tiempo. Bastaría con un pequeño cambio para traer un gran alivio.

Bueno, tal vez.

Es cierto que escapar de todo puede en ocasiones hacernos mucho bien. Por cierto, observar el día de reposo y pasar tiempos de desconexión deberían ser parte de nuestra rutina. El problema es que no siempre es posible escaparse. Y algunas preocupaciones o tipos de estrés exceden lo que logra un descanso o unas vacaciones, especialmente dada nuestra tendencia de cargar por doquier con nuestros problemas.

La verdad es que un cambio de circunstancias externas no puede realmente determinar la temperatura interna de nuestro corazón. Si nuestra paz depende de nuestra situación actual o de nuestras circunstancias, nos resultará difícil encontrar serenidad cuando más la necesitamos. Por tanto, necesitamos una mejor respuesta acerca de cómo manejar el estrés. Para ello también es posible acudir al incomparable Jesús que nos muestra el camino a seguir.

Hay muchas escenas de su vida aquí en la tierra que vienen a la mente:

- Jesús duerme en una barca mientras brama la tormenta en derredor, luego se despierta y con serenidad calma los temores de sus discípulos.
- Jesús mantiene perfecta compostura en medio de una muchedumbre de oyentes que estaba reunida en un área remota y sin comida.
- Jesús se muestra sereno en medio de una agenda agotadora, con gente presionándole por todas partes, exigiéndole sin descanso su tiempo y su atención.
- Jesús guardó la calma (aunque fue emotivo) cuando recibe la noticia acerca de que su querido amigo Lázaro está gravemente enfermo y como resultado de ello muere.
- Jesús responde con dignidad cuando se burlan de Él, lo injurian y lo acusan falsamente delante de un gran número de religiosos y gobernantes romanos.

Luego, en el Evangelio de Mateo, vemos una escena particularmente preciosa de la serenidad del Salvador, quizás mi predilecta. Difícilmente podemos imaginar una crisis más aguda que la que enfrentó Jesús la noche en que se reunió en el aposento alto la víspera de su crucifixión con sus discípulos (¡entre ellos, el que lo traicionó!). De todos los que se reunieron a celebrar esa cena de Pascua, solo Él sabía lo que deparaba el resto de la velada y el día siguiente. Ellos intuían *algo* singular, por la manera en que Él comparó el pan con "mi cuerpo" y la copa de vino con "mi sangre" (Mt. 26:26, 28). Por lo demás, Él siguió el orden habitual de la conocida cena pascual, cumpliendo incluso con la tradicional clausura de la celebración:

> *Y cuando hubieron cantado el himno,* salieron al monte de los Olivos (Mt. 26:30).

Jesús tenía por delante la noche más larga y oscura de su vida. Él sabía que pronto iban a arrestarlo, abandonarlo, torturarlo y humillarlo. Él era consciente de que los hombres con quienes acababa de cenar, cuyos pies había lavado en un acto de humildad excepcional, iban a abandonarlo. Si alguien podía sentirse con todo el derecho de preocuparse, tener miedo, desear escapar, sin duda fue Jesús en ese momento.

Si nuestra paz depende de nuestra situación actual o de nuestras circunstancias, nos resultará difícil encontrar serenidad cuando más la necesitamos.

Con todo, Jesús no hizo nada de eso. Antes bien, eligió cantar.

Conforme a la tradición, lo más probable es que Jesús y sus amigos hayan entonado un himno que muchos sabían de memoria y conocían desde la infancia. El Halel o "alabanza" incorporaba los pasajes de seis salmos consecutivos: Salmos 113 a 118. Se acostumbraba a cantar los dos primeros en el intermedio de la cena, los últimos cuatro al final. La temática general del cántico de Halel es la fidelidad de Dios y la manera poderosa en que libera a su pueblo.

En el contexto del atroz calvario que Jesús iba a padecer en el lapso de las siguientes veinticuatro horas, imagina los sentimientos que debieron abrumarlo mientras cantaba palabras como:

> No a nosotros, oh Jehová, no a nosotros,
> Sino a tu nombre da gloria,
> Por tu misericordia, por tu verdad...
> Nuestro Dios está en los cielos;
> Todo lo que quiso ha hecho (Sal. 115:1-3).

Con esas palabras, Jesús expresó el anhelo supremo de la gloria de Dios y del cumplimiento de su voluntad en la tierra, sin importar el precio que esto exigiera de su parte. Ahora adelantémonos a la última estrofa de este himno de los salmos que muy probablemente Jesús entonó con sus discípulos:

> Este es el día que hizo Jehová;
> Nos gozaremos y alegraremos en él…
> Alabad a Jehová, porque él es bueno;
> Porque para siempre es su misericordia (Sal. 118:24, 29).

Jesús no solo estaba *cantando* mientras contemplaba la cruz. Estaba cantando alabanzas. Estaba cantando un himno de adoración. Estaba cantando de la bondad de Dios y de su amor fiel a su pacto.

¿Cómo pudo hacer tal cosa? ¿Cómo podía cantar cuando tenía al frente semejante dolor y sufrimiento? Esto es lo que creo:

- Él pudo cantar porque confiaba en su Padre.
- Él pudo cantar porque aceptó y abrazó el plan de su Padre.
- Él pudo cantar porque amaba a otros más de lo que amaba su propia vida.
- Él pudo cantar porque sabía que, aunque tenía la cruz delante, ese no era el fin de la historia, y la cruz iba a culminar en la gloria suprema.

¿Qué podemos aprender, pues, de su cántico? Oswald Sanders sugirió una respuesta parcial a esta pregunta:

> Podemos convertir nuestra tribulación en tesoro y nuestro pesar en cántico. La fe puede entonar su cántico en la hora más oscura. La aflicción no es incompatible con el canto.[18]

A todas luces, Jesús lo entendía. Y al cantar alabanzas, Él encontró la serenidad y el valor para encarar y atravesar su más profunda aflicción y sufrimiento.

Lo mismo podemos hacer nosotros.

¿Qué circunstancias enfrentas hoy que amenazan con despojarte de tu paz y serenidad?

Dando por hecho que tus circunstancias no van a cambiar de inmediato, ¿cómo puedes cultivar ahora mismo el regalo de la serenidad de Dios en tu corazón? *(Si viene a tu mente un himno o canción en particular, ¿te animarías a entonarlo en voz alta?).*

Padre, qué asombroso es el ejemplo de tu Hijo cuando enfrentó presión y estrés inimaginables, cómo permaneció en un oasis de calma y confianza. Enséñame a representarte de ese modo delante de los demás, a fin de que vean la diferencia en mí al poner mi confianza en ti, Señor. Ayúdame a adorarte y a cantarte en medio de mis pruebas.

AMÉN.

Día 20

Conviene para la mucha ocupación

Los hábitos de oración de Cristo

Pero su fama se extendía más y más...
Mas él se apartaba a lugares desiertos, y oraba.
—LUCAS 5:15-16

En nuestro recorrido por los Evangelios es inevitable no darse cuenta de que Jesús era un hombre de oración. Para Él, la oración significaba pasar tiempo con alguien a quien conocía de manera íntima y a quien amaba profundamente, alguien cuya compañía era su mayor tesoro. Además, en Jesús vemos a un hombre que no dudaba en reconocer, día a día, su dependencia de Dios.

¿Cómo es nuestra experiencia a este respecto? Si en verdad entendiéramos lo necesitados que somos y el privilegio que es comunicarnos con nuestro Padre celestial (Mt. 6:9), podríamos suponer que oramos muchísimo. Como Jesús.

Sin embargo, ¿por qué no oramos más de lo usual?

Una razón posible es que imaginamos que no tenemos tiempo. Nos preguntamos cómo se supone que vamos a incluir la oración en nuestra atareada vida y en nuestros horarios atiborrados de ocupaciones.

Por supuesto, es cierto que la vida impone muchas responsabilidades y que trabajar duro en las tareas que Dios nos ha encomendado es parte de la mayordomía fiel de nuestro tiempo. Pero, precisamente por eso, el ejemplo de Jesús contradice la noción de que las necesidades de la vida nos impiden tener tiempo para orar. Como señaló hace cien años el pastor escocés James Stalker: "Muchos en nuestros días... no paran de atender sus compromisos y apenas tienen tiempo para comer. Lo convertimos en la razón para no orar; para Jesús, en cambio, fue precisamente la razón para orar".[19]

Jesús *siempre* encontró tiempo para orar, y durante sus años de ministerio activo estuvo más ocupado que cualquiera de nosotros podría estarlo jamás. Tomemos como ejemplo solo un par de capítulos del Evangelio de Marcos como un ejemplo típico de las responsabilidades y preocupaciones incesantes que llenaban sus días.

Al principio del capítulo 5 vemos que zarpa con sus discípulos hacia un puerto en el mar de Galilea. Luego nos dice el pasaje que "cuando salió él de la barca, en seguida vino a su encuentro, de los sepulcros, un hombre con un espíritu inmundo" (Mr. 5:2). Después de liberar al hombre, Jesús, "pasando otra vez Jesús en una barca a la otra orilla" (v. 21), se encontró con otra gran multitud, en medio de la cual estaba un padre angustiado que le rogó que fuera y sanara a su hija que estaba a punto de morir (vv. 22-24). De camino a la casa de ese hombre, Jesús se detuvo a sanar a una mujer que "que desde hacía doce años padecía de flujo de sangre" (v. 25).

La oración puede transformar todos nuestros lugares ocupados en lugares sagrados: la mesa donde comemos, el vestíbulo con nuestro cónyuge, el pasillo en la iglesia después del culto dominical, el trayecto de un compromiso al siguiente, etc.

Saliendo de allí, viajó a pie "a su tierra" (Mr. 6:1) de Nazaret, donde enseñó en la sinagoga antes de "[recorrer] las aldeas de alrededor, enseñando" (v. 6). Luego organizó a sus discípulos en grupos de dos y los envió en un viaje misionero, pero en breve se reunió de nuevo con ellos, oyó sus informes y alimentó a cinco mil personas con cinco panes y dos peces (vv. 30-44).

Jesús era un hombre muy ocupado.

Sin embargo, aun después de una jornada entera de predicación a miles de personas, de producir comida milagrosa, de limpiar el lugar después del evento, sin contar el cansancio acumulado de largas semanas sin respiro, Jesús envió delante a sus discípulos al siguiente lugar de ministerio… ¿mientras Él hacía qué?

"Se fue al monte a orar" (Mr. 6:46).

Vemos este patrón que se repite una y otra vez a lo largo de la vida de Jesús. Durante sus períodos más ocupados, de mayor presión, Él oraba *más*, no menos. Él funcionaba con una mentalidad que llevó a un amigo mío a señalar que "Jesús consideraba la oración su trabajo más importante". Él oró como si no pudiera hacer su obra sin oración.

- En su bautismo, antes de que se abrieran los cielos, estaba "orando" (Lc. 3:21).
- Antes de llamar a sus doce discípulos, Jesús "pasó la noche orando a Dios" (Lc. 6:12).
- Con tres discípulos antes de su transfiguración, Él "oraba" (Lc. 9:29).

Para Jesús, cada momento era una ocasión para orar. Ningún momento era demasiado importante o demasiado insignificante. Así vivió sus días ocupados, uno tras otro. Él vivió orando y murió orando.

Y si encontrar tiempo para orar todavía suena algo imposible en tu caso, dada la cantidad de responsabilidades simultáneas que tienes a cargo o por el tiempo limitado que tienes para estar a solas y en silencio delante de Él, aprendamos otra lección de los hábitos de oración de Jesús: Aun cuando Él no podía "[apartarse] a lugares desiertos" (Lc. 5:16), cuando estaba rodeado por otras personas, Él oraba.

En una ocasión, mientras estaba "orando en un lugar" con sus discípulos (Lc. 11:1), lo que observaron de su intimidad con el Padre los inspiró a preguntar: "Señor, enséñanos a orar" (v. 1). Entonces les enseñó la oración que hemos denominado el Padre Nuestro.

La oración de calidad no siempre requiere un retiro de oración. Cuando empecemos a ver, como Jesús, oportunidades para orar en cualquier lugar o en cualquier reunión, permitiremos que el tiempo con el Padre se incorpore a nuestra atareada vida y la convierta en algo mucho más especial y significativo, mucho más que una simple lista de tareas por cumplir en una agenda o en una lista de quehaceres. La oración puede transformar todos nuestros lugares ocupados en lugares sagrados: la mesa donde comemos, el vestíbulo con nuestro cónyuge, el pasillo en la iglesia después del culto dominical, el trayecto de un compromiso al siguiente, etc.

No permitamos que nuestra vida ocupada nos impida comunicarnos a diario con nuestro Padre. Hazte el propósito firme de invitarlo a cada tarea que emprendes, a cada conversación y cada desafío social, a cada problema apremiante y a cada interrupción inesperada, a cada período de aflicción y a cada ocasión alegre.

¿Qué razones, aparte de las exigencias comunes de tu agenda, te impiden cultivar una vida de oración?

Trata de orar con alguien que el Señor ponga hoy en tu camino, ya sea un pariente, un colega, un amigo o incluso un extraño.

Señor, perdóname por estar tantas veces demasiado ocupado para buscarte en oración. Ayúdame a aprender del ejemplo de tu Hijo que la oración cotidiana no es solo una obligación o un quehacer más de mi lista. El tiempo que paso contigo es lo que me restaura y me da vida. Recuérdame que, incluso en medio del ruido y de las exigencias del día a día, yo te necesito, Señor, y que todo lo que me lleva a necesitarte es una bendición.

AMÉN.

Día 21

Fervoroso y lleno de fe

Las actitudes de oración de Cristo

Cristo, en los días de su carne, ofreciendo ruegos y súplicas con gran clamor y lágrimas.

—HEBREOS 5:7

Es probable que el nombre Hyman Appelman no signifique mucho para ti. Para mí es muy significativo.

Appelman nació en Rusia en 1902 en el seno de una familia judía ortodoxa. A la edad de trece años, emigró a los Estados Unidos, donde llegó a diplomarse como abogado litigante. En 1925, siendo un adicto al trabajo y estando a punto de sufrir un colapso nervioso, llegó a la fe en Cristo y su familia lo repudió. Ese fue el año en que nació mi padre.

Con el tiempo, Appelman llegó a ser un evangelista internacional. El 13 de octubre de 1950, mi papá asistió a una reunión evangelística de toda la ciudad de Albania, en el estado de Nueva York, donde Appelman predicaba. Esa noche, aquel joven en su veintena sintió la convicción de su necesidad de un Salvador y experimentó una conversión radical.

Papá y el doctor Appelman se volvieron grandes amigos. Siendo niña, tuve el privilegio de oír a ese venerable evangelista predicar varias veces. No obstante, más memorables fueron para mí las ocasiones en que nos visitaba en nuestra casa. Cuánto me gustaba sentarme en silencio en la sala, oír sus conversaciones entre mi papá y ese hombre piadoso con un fuerte acento ruso. Más aun me gustaba oírlo orar. Con gran vehemencia y fervor, él derramaba su corazón al Señor, rogando por los que no conocían a Cristo, intercediendo por la iglesia, clamando por un mover del Espíritu aquí en la tierra.

Cuando recuerdo las oraciones sinceras de esos dos hombres, a veces me cuestiono acerca de la falta de fervor y de afecto en mis propias oraciones. ¿Por qué en comparación parecieran muchas veces desprovistas de brillo y de vida? Tal vez tú has sentido lo mismo.

¿Cómo podemos, entonces, revitalizar nuestra vida de oración? No hay mejor manera que sentarnos a los pies de nuestro Salvador que ora. Y que, como nos exhorta Pablo: "Haya... este sentir que hubo también en Cristo Jesús" (Fil. 2:5).

Ya hemos visto la humildad de Cristo que lo llevó a vivir en dependencia de su Padre. Como hombre, Él sabía que necesitaba a Dios para todo, y su dinámica vida de oración reflejaba esa actitud de dependencia humilde. He aquí tres actitudes que avivaban las oraciones de Jesús:

1. Jesús creía realmente que Dios lo oía cuando oraba.

En ocasiones podemos dudar si nuestras peticiones en realidad llegan hasta el cielo. Jesús, en cambio, oró con la confianza absoluta de que realmente había un Dios que oía su clamor.

"Padre, gracias te doy por haberme oído", dijo Jesús en la tumba de Lázaro (Jn. 11:41), consciente de la magnitud de lo que pedía. Su querido amigo había muerto y lo habían sepultado. Jesús, después de que quitaran la piedra que bloqueaba la entrada, estaba preparándose para resucitar a Lázaro de los muertos, lo cual era una imposibilidad física. Aun entonces oró con la absoluta certeza de que era oído.

A menos que pensemos que su sola divinidad bastaba para que Jesús orara con tal seguridad, las Escrituras confirman que todos tenemos la confianza de "que, si pedimos alguna cosa conforme a su voluntad, él nos oye" (1 Jn. 5:14-15). Dios nos oye. Él nos responderá a su manera y en su tiempo. Creerlo, como Jesús, alentará y fortalecerá nuestra vida de oración.

2. Jesús oró pidiendo aquello que Él sabía que agradaba y honraba a su Padre.

A Jesús le importaba más la gloria de su Padre que su propia comodidad o bienestar. Él reconoció, cuando anticipaba su crucifixión: "está turbada mi alma". A pesar de todo exclamó: "¿Y qué diré? ¿Padre, sálvame de esta hora?" (o como oramos con frecuencia, *¿sácame de esto?*), y concluyó: "Mas para esto he llegado a esta hora" (Jn. 12:27), para agradar a Dios, para honrarlo. ¿Deberían nuestras oraciones reflejar tal actitud sin importar lo que nos cueste?

3. Aun cuando padecía su propia Pasión,[20] Jesús oró por otros.

Su larga oración que está documentada en Juan 17 y que se llama tradicionalmente la oración sacerdotal de Jesús, la elevó en vísperas de la cruz cuando casi podía tocarla. Con todo, no tiene un tono aprehensivo en cuanto a sus propias circunstancias, sino que expresa su profundo amor y preocupación por sus seguidores.

Dios nos oye. Él nos responderá a su manera y en su tiempo. Creerlo, como Jesús, alentará y fortalecerá nuestra vida de oración.

"Guárdalos en tu nombre", pidió Jesús al Padre, "para que sean uno, así como nosotros" (v. 11). También oró: te ruego "que los guardes del mal" (v. 15), desde el desaliento o el temor hasta la renuncia de su fe. Y "santifícalos en tu verdad" (v. 17), para que puedan ser bendecidos y purificados creyendo en la obra que Jesús había venido a hacer a favor de ellos... y de nosotros.

Sí, ¡Jesús oró incluso por ti y por mí! "No ruego solamente por estos", dijo refiriéndose a los once apóstoles que estaban con Él en el recinto, "sino también por los que han de creer en mí por la palabra de ellos" (v. 20). Así habló de ti y de mí. Habló de tus hijos y de tus nietos: "aquellos que me has dado, quiero que donde yo estoy", oró, "también ellos estén conmigo, para que vean mi gloria que me has dado… para que el amor con que me has amado, esté en ellos, y yo en ellos" (v. 24, 26).

Jesús pronunció oraciones vehementes y fervorosas. Sintió que agonizaba en oración. Fue persistente, aun cuando fue abandonado por su Padre en la cruz, cuando la culpa que llevó por nuestros pecados exigía que nuestro Dios santo apartara su vista de Él. Y Jesús ora hasta hoy, estando siempre presente "a la diestra de Dios" (Ro. 8:34), viviendo para interceder por "los que por él se acercan a Dios" (He. 7:25).

Jesús es el motivo por el cual las puertas de la oración están abiertas para nosotros. Jesús es el motivo por el cual podemos acercarnos al trono con necesidades que nos abruman sin sentir vergüenza en nuestra desesperación. Jesús es el motivo por el cual podemos acudir a Dios sin nada mejor que ofrecer que las más pequeñas semillas de fe agarradas en nuestras manos, y aun así tener la certeza de que, sin importar nuestras carencias percibidas, nuestro Padre oye, nuestro Padre ama y nuestro Padre responde.

Todo gracias a que Jesús, nuestro Salvador y Amigo incomparable, oró. Gracias a que Jesús creyó. Gracias a que Jesús renunció a su voluntad en obediencia humilde a Aquel cuya gloria vivió para magnificar.

Conforme a ese ejemplo, oremos.

Jesús dijo a sus discípulos: "separados de mí nada podéis hacer" (Jn. 15:5). Si aceptas esa verdad, ¿cómo cambiaría toda tu vida de oración?

¿Qué ves en las oraciones de Jesús que te inspira a orar con más fe y fervor?

Gracias, Padre, porque tú oyes mis oraciones. Y gracias por el ejemplo de oración que nos mostró Jesús, con el cual nos anima a ser osados, nos permite ser menesterosos, nos inspira a orar con abnegación y nos recuerda que tu gloria es el objetivo supremo de nuestra vida y de nuestras oraciones.

AMÉN.

Segunda parte

LA OBRA SALVADORA DE CRISTO

La vida es un desperdicio si no comprendemos la gloria de la cruz, si no la atesoramos por lo que es y nos aferramos a ella como el precio más alto por todo placer y el consuelo más profundo para todo dolor.

—JOHN PIPER[21]

Día 22

Agobiado

La angustia de Cristo en su alma

Mi alma está muy triste, hasta la muerte.

—MATEO 26:38

Todo lo que Jesús fue, todo lo que Jesús es, todo lo que Jesús hizo, lo llevó a la obra que estaba destinado a hacer un último día, y ese último día empezó la noche anterior.

En Getsemaní.

Él y sus discípulos habían terminado su cena de Pascua. Salieron de la ciudad, cruzaron el angosto valle del Cedrón, antes de entrar en los olivares en las laderas que descienden del Monte de los Olivos, al este de Jerusalén.

Getsemaní. La palabra viene de un término del hebreo que significa "prensa de aceite", un nombre adecuado porque esa noche, entre los olivos, el Hijo de Dios fue "prensado" más allá de lo que es posible comprender.

El método tradicional de extracción de aceite de las aceitunas maduras constituye una metáfora acertada de lo que Jesús iba a soportar. Primero, azotaban los árboles para que hacer caer al suelo las aceitunas. En seguida ponían las aceitunas en un cuenco de piedra para machacarlas y molerlas hasta formar una pasta mediante la acción giratoria de una enorme piedra de molino. La pasta resultante era esparcida en esteras hechas de un material similar al yute. Se apilaban las esteras, los obreros ponían encima una carga de rocas o vigas para así prensar con más fuerza las aceitunas molidas bajo el peso y liberar el aceite en cada celda, hasta que del fruto salía un líquido rojizo.

Es una tremenda imagen de nuestro Señor Jesús en ese huerto.

En ocasiones, cuando meditaba de nuevo en esta escena nocturna, me impresiona lo profunda que es. Permite vislumbrar a Jesús a un nivel muy personal y profundo en un momento de intensa debilidad, angustia y tentación. Nos sentimos casi indignos de atisbar un momento semejante.

Aun así, las Escrituras nos invitan a mirar, a comprender por qué Él tenía que someterse a esa "prensa de aceite" del calvario y lo que significa no solo para nuestra salvación eterna, sino para nuestras luchas cotidianas, en comparación tan insignificantes, aunque desde nuestra mirada parezcan gigantescas.

No podemos comprender el horror que enfrentó Jesús en Getsemaní frente a la inminencia de la cruz. Nunca conoceremos un dolor como el que soportó Jesús en ese huerto, un dolor tan insoportable que su Padre en su misericordia envió un ángel para acompañarlo, no para librarlo de la presión, sino para darle la fuerza necesaria para orar con más fervor en esa agonía indescriptible (Lc. 22:43).

Las Escrituras relatan que, en esos momentos, Jesús "comenzó a entristecerse y a angustiarse en gran manera" (Mt. 26:37-38); "comenzó a entristecerse y a angustiarse" (Mr. 14:33). Y sí, era tal su agonía que "era su sudor como grandes gotas de sangre que caían hasta la tierra" (Lc. 22:44).

Pero ¿porqué Jesús experimentó tanta angustia en el alma frente a su muerte inminente, cuando leemos de otros que han ido tranquilamente a su muerte como mártires, incluso cantando en el camino?

La palabra griega que se traduce "agonía" sugiere aquí la imagen de una competencia o combate intensos, y se emplea a veces para referirse al sentido de temor o aprehensión que experimenta alguien que está a punto de entrar en una batalla o conflicto.[22]

Hay que dejar claro que los mártires, a pesar de que sufren una muerte atroz por su fe, nunca han sufrido por los pecados de otros, ni siquiera por los propios. Ellos enfrentan su momento de prueba como personas a quienes Cristo ha librado de su culpa y condenación por el pecado mediante el sacrificio que Él ha hecho. En cambio, Jesús no contó con ese alivio. Nuestros pecados, tus pecados, mis pecados, lo torturaban, lo cual causaba una agonía sin precedentes, tan intensa que Él clamó: "Padre, si quieres, pasa de mí esta copa" (Lc. 22:42).

Jesús fue molido por *nuestro* pecado. No solo "el pecado" como un concepto vago, sino el peso de muerte acumulado por pecados reales, los pecados de todos los seres humanos que han vivido antes y que han de vivir después. Cada uno de ellos, cada pecado, pesó con su propia medida de rebelión y de culpa. Y todo ello pesó sobre Él, se acumuló como capas y capas prensadas sobre Él. Lo aplastó el peso del juicio eterno que acarreó todo ese pecado. Y todo eso al tiempo que soportaba también el ataque a máxima escala de Satanás y sus demonios que hacían todo lo posible para que Jesús se negara a cumplir el plan redentor que el Padre requería de Él.

A pesar de la tortura, del peso aplastante de nuestro pecado, de la tentación a retractarse de la obra que había venido a hacer, Jesús se quedó ahí, resuelto a beber hasta la última gota de esa copa de juicio y de ira. Para salvarnos.

Y así, cuando sus ruegos más vehementes al Padre solo recibieron como respuesta el silencio del cielo, Jesús se levantó del suelo, regresó a sus discípulos durmientes (cuyos pecados y somnolencia solo añadían a la pesada carga que llevaba) y dijo: "Levantaos, vamos; he aquí, se acerca el que me entrega" (Mr. 14:42). En ese momento ya estaba preparado, a pesar de que ya se encontraba debilitado físicamente por el combate, para ir de frente contra todo.

Sí, aunque Él estaba completamente aprisionado bajo el peso de nuestro pecado, en todo estaba facultado por su temor reverencial,

Jesús fue molido por *nuestro* pecado. No solo "el pecado" como un concepto vago, sino el peso de muerte acumulado por pecados reales, los pecados de todos los seres humanos que han vivido antes y que han de vivir después.

su sumisión a la voluntad de su Padre y su amor infatigable por nosotros pecadores.

Cuando sientes que el poder del tentador te oprime, recuerda lo que has visto aquí cuando Cristo resistió la tentación por nuestro sumo bien.

Cuando tu carne quiere salirse con la suya, recuerda lo que has visto aquí cuando Cristo dijo sí a la voluntad de Dios.

Cuando tu corazón sufre por causa del pecado, por lo que te hace a ti y a otros, recuerda lo que has visto aquí cuando Cristo bebió la copa entera para que nosotros jamás tuviéramos que probar su maldición.

Cuando te preguntas si eres capaz de soportar más dolor, recuerda lo que has visto aquí.

Ve a Getsemaní. Medita en cómo Cristo soportó ser prensado y molido por tus pecados y los míos.

Y avanza.

Cuando has sentido el peso de la culpa por tu propio pecado, ¿cómo intentarías describir la presión que sintió Jesús cuando llevó todos nuestros pecados?

¿Tomas a veces con demasiada ligereza el pecado? ¿De qué manera lo que sucedió en Getsemaní te inspira a ver tu pecado bajo una luz diferente?

Señor Jesús, me duele verte en la "prensa" de Getsemaní. Mi parte que añade a tu agonía es más de lo que puedo soportar. Nunca podré agradecerte lo suficiente la insondable misericordia que has mostrado a los pecadores como yo. Que mi vida sea testimonio del sacrificio que tú has hecho y del precio que has pagado para que nunca tengamos que ser molidos por el pecado como tú lo fuiste.

AMÉN.

Día 23

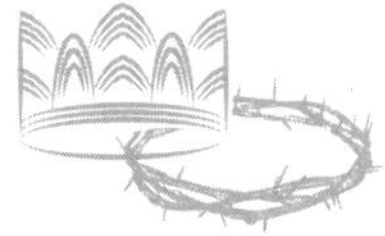

La corte del delito

El juicio religioso de Cristo

¿Eres tú el Cristo? Dínoslo. Y les dijo:
Si os lo dijere, no creeréis.
—LUCAS 22:67

Jesús oró.
La sangre cayó sobre la tierra.
El Padre oyó.
La copa siguió ahí.

En algún momento de la noche, Judas llegó a Getsemaní, un huerto que él solía frecuentar con Jesús (Jn. 18:2). Sin embargo, esta vez, en lugar de unirse a los otros discípulos que acompañaban al Mesías, llegó encabezando una turba desalmada con espadas y garrotes que "los principales sacerdotes y... los ancianos del pueblo" (Mt. 26:47) enviaron para arrestar a Jesús y doblegarlo.

Jesús dio un paso al frente.
Sus enemigos se acercaron.
Lo ataron, lo apresaron.
Sus discípulos huyeron.

Tal vez te asombre la rapidez con que ocurrió todo a partir de ese momento. En menos de doce horas, posiblemente no más de nueve (dependiendo cómo contabilices cronológicamente la Biblia), Jesús fue sometido a dos juicios diferentes (cada uno en tres etapas), fue declarado culpable y sentenciado a muerte, y colgado en una cruz. Así de apresurado e injusto fue todo el proceso que sufrió.

Además, era bíblicamente ilícito, incluso el juicio que presidieron los legisladores judíos expertos.

El sistema judío legal, que se basaba en la ley de Moisés, era conocido por su compromiso con la justicia. Por ejemplo, Deuteronomio 16 imparte estas instrucciones al pueblo de Israel:

> Jueces y oficiales pondrás en todas tus ciudades que Jehová tu Dios te dará en tus tribus, los cuales juzgarán al pueblo con justo juicio. No tuerzas el derecho; no hagas acepción de personas... La justicia, la justicia seguirás (vv. 18-20).

Aun así, cuando los oficiales judíos juzgaron a Jesús, se sacrificó la justicia en el altar del control y el oportunismo. Fue una pantomima de la justicia en la que hasta las mínimas normas de ley y de tradición judías se pasaron por alto y se introdujo una serie de ilegalidades e irregularidades una tras otra.

- *Se realizó en el ámbito privado en lugar de público.* Primero llevaron a Jesús para ser interrogado por Anás, el antiguo sumo sacerdote que, aunque ya no ejercía, era muy influyente. Luego fue enviado a Caifás, el actual sumo sacerdote de turno y yerno de Anás (Jn. 18:13). Cabe agregar que él tuvo la iniciativa que puso en movimiento la conspiración para deshacerse de Jesús (Jn. 11:49-53). Su plan siniestro había dado resultados, permaneciendo oculto de la vista pública.
- *Sucedió en medio de la noche.* Según la ley judía, los juicios debían tener lugar en las horas del día.
- *Sucedió apresuradamente.* Todo el juicio se completó en menos de un día, algo que también era contrario a la ley judía que estipulaba que un caso concerniente a una ofensa capital no podría concluirse hasta el día siguiente, para dar la oportunidad de llamar a los testigos. El juicio infringió las leyes del Antiguo Testamento que exigían a la defensa una investigación exhaustiva. En lugar de eso, los líderes

apresuraron el juicio para pronunciar una sentencia con la mayor rapidez posible.

- *Los jueces no eran imparciales.* Los miembros del sanedrín, el organismo gubernamental judío, eran reconocidos enemigos de Jesús. Los oficiales que se reunieron para la sesión nocturna de emergencia habían llegado a su veredicto antes de que el acusado estuviera presente siquiera para ser interrogado. Ellos "buscaban falso testimonio contra Jesús, para entregarle a la muerte" (Mt. 26:59). De modo que cuando empezaron a sacar su procesión de testigos falsos, poco importaba que "sus testimonios no concorda[ran]" (Mr. 14:56).

Éramos nosotros quienes merecíamos ser juzgados, sentenciados y condenados a muerte. Pero cuando el santo Hijo de Dios fue juzgado por aquella parodia de tribunal improvisado, lo hizo en nuestro lugar, como nuestro representante, para llevar nuestro pecado.

Tampoco los alguaciles que presidieron el juicio intentaron ocultar sus propios sentimientos predeterminados. Durante el juicio, a Jesús lo escupieron, lo abofetearon, le vendaron los ojos y lo golpearon, todo ello mientras supuestamente lo atendían en una corte donde se impartía "justicia".

En la mente de esas autoridades no cabía que Jesús simplemente fuera lo que decía ser. Pensaban que si lo fuera, ellos con toda certeza lo sabrían. Pensaban que, si el Mesías estuviera presente, ellos serían los primeros en reconocerlo. Y estaban convencidos de que el Mesías que tanto habían esperado no se vería, no hablaría y no actuaría como el hombre que tenían frente a ellos.

Jesús fue condenado
por su propio pueblo
—declarado culpable de blasfemia
y merecedor de la muerte—
todo ello a manos de infractores de la ley.

Y a pesar de que ellos sabían exactamente lo que estaban haciendo, al transgredir la ley en su afán por emitir un juicio, Jesús también sabía exactamente lo que estaba haciendo. Él estaba ofreciendo su vida por los transgresores, "el justo por los injustos, para [llevarlos] a Dios" (1 P. 3:18). Y su sacrificio no solo fue por esos líderes religiosos injustos, sino también por todos los que, al transgredir la ley de Dios, se han opuesto a Aquel que vino a salvarlos.

Como tú.
Como yo.
Como ellos.
Como todos nosotros.

Éramos nosotros quienes merecíamos ser juzgados, sentenciados y condenados a muerte. Pero cuando el Hijo de Dios fue juzgado por aquella parodia de tribunal improvisado, lo hizo en nuestro lugar, como nuestro representante, para llevar nuestro pecado.

En su primer juicio terrenal, Jesús fue juzgado injustamente a manos de los pecadores. Sin embargo, un día se invertirán los papeles y Él será el Juez que ejecutará un juicio justo de cada pecador que no se ha arrepentido.

¿En qué sentido las acciones de los acusadores de Jesús representan la manera en que la raza humana entera trata a Jesús, incluso los que estamos tan lejos, en el tiempo y en la distancia, de su arresto y su juicio?

"Considerad a aquel que sufrió tal contradicción de pecadores contra sí mismo, para que vuestro ánimo no se canse hasta desmayar" (He. 12:3). Explica cómo meditar en los sufrimientos de Cristo puede ayudarte a perseverar en tu batalla contra el pecado.

Señor Jesús, cuando veo que te acusan y tratan de manera tan injusta, usando incluso tu propia ley para quebrantarte, mi amor por ti solo se fortalece. Te sometiste a la injusticia por causa de tu amor por los transgresores. Ayúdame a ver mi propio pecado como otro ataque contra ti. Que nunca olvide ser agradecido por lo que estuviste dispuesto a soportar por los pecadores como yo.

AMÉN.

Día 24

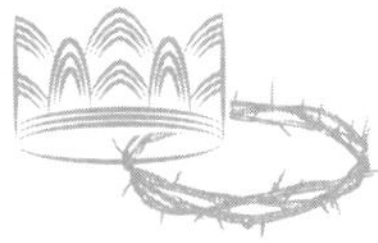

Acontecimientos planeados

El juicio romano de Cristo

Y ellos volvieron a dar voces: ¡Crucifícale! Pilato les decía: ¿Pues qué mal ha hecho? Pero ellos gritaban aún más.

—MARCOS 15:13-14

¡Qué manera más desagradable de empezar el día!, debió pensar Pilato. Ni siquiera eran las seis de la mañana y ya estaban las autoridades religiosas judías en su puerta exigiendo una audiencia, supuestamente por el bien del imperio.

Como sabrás, el sanedrín solo tenía la autoridad para manejar sus propios asuntos religiosos. Como súbditos del gobierno romano, ellos no podían emitir una sentencia pública de muerte sin la aprobación y ejecución de los romanos. En aquel entonces, ese tipo de peticiones requerían la autorización de Poncio Pilato, el gobernador encargado de Judea en el siglo I.

Sin embargo, ¿qué importaba una denuncia por blasfemia a un oficial secular a quien solo le interesaba preservar la paz en su territorio? De ahí que los líderes judíos, para incitar a Pilato a que interviniera en sus acusaciones contra Jesús, lo presentaron como un sedicioso, un insurgente, un alborotador que lideraba una rebelión contra el mismo César.

Por supuesto, eso bastó para que Pilato estuviera dispuesto a oírlos. Cualquier amenaza contra César podía sacar temprano de su cama a los defensores del emperador. Los sacerdotes y consejeros judíos habían acertado en sus cálculos políticos. Ellos sabían lo que hacían.

No obstante, *debemos* saber y recordar lo siguiente:

> Se levantarán los reyes de la tierra,
> Y príncipes consultarán unidos
> Contra Jehová y contra su ungido (Sal. 2:2).

Con todo, como declaró el profeta Daniel delante de un rey pagano: "el cielo gobierna" (Dn. 4:26). Nada sucede en ningún lugar de la tierra que Dios no haya dispuesto de antemano por sus propias razones sabias, para sus propósitos redentores, por el bien supremo de su pueblo y para la gloria eterna de su Hijo Jesucristo.

¿Podían los líderes judíos tomar la decisión de entregarlo a Pilato? Sí, y así lo hicieron. "A este hemos hallado que pervierte a la nación, y que prohíbe dar tributo a César, diciendo que él mismo es el Cristo, un rey" (Lc. 23:2). Pero, aun con esos cargos, Pilato dijo: "Ningún delito hallo en este hombre" (v. 4). De ahí que propusiera un trato a los líderes judíos.

Los planes de Dios no pueden ser estorbados. Dios cumplirá sus propósitos justos aun si los horrores de nuestros tiempos son las herramientas que Él usa.

¿Podían negociar con Pilato y aceptar su ofrecimiento de liberar a un criminal violento a cambio de Jesús? Sí, y lo hicieron. En su furia, eligieron actuar de manera irracional, aun cuando eso suponía poner en peligro a su comunidad. "¡Suéltanos a Barrabás!", un hombre que "había sido echado en la cárcel por sedición... y por un homicidio" (Lc. 23:18-19).

¿Podía Pilato, en su frustración, tomar la decisión de remitir a Jesús a otra corte? Sí, y lo hizo. Al descubrir que Jesús era galileo, lo cual significaba que técnicamente estaba bajo la jurisdicción de Herodes Antipas, que (en la providencia de Dios), "casualmente" se encontraba en ese momento en Jerusalén (Lc. 23:7), Pilato no tardó en remitir al prisionero. Herodes se entretuvo con Jesús, haciéndole preguntas absurdas y vistiéndolo con símbolos de realeza falsos para burlarse de Él. Con todo, él también rehusó emitir un juicio.

¿Podía Herodes entonces decidir enviarlo de vuelta a Pilato? Sí, y lo hizo. No obstante, Pilato, incapaz de controlar a los espectadores alborotados a quienes sus líderes habían arrastrado a un frenesí vengativo y sediento de sangre, "tomó agua y se lavó las manos delante del pueblo, diciendo: Inocente soy yo de la sangre de este justo; allá vosotros" (Mt. 27:24).

Mátenlo si quieren. Esa fue la decisión final de Pilato. O su falta de decisión. Prefirió delegar la responsabilidad a una multitud cruel.

Sin embargo, solo Dios, y su Hijo dispuesto a hacer la voluntad divina, podían usar esa serie de decisiones despreciables para que se cumpliera un plan que Él había trazado desde el principio de los tiempos. Así lo expresó Pedro más adelante en una oración pública:

> Porque verdaderamente se unieron en esta ciudad contra tu santo Hijo Jesús, a quien ungiste, Herodes y Poncio Pilato, con los gentiles y el pueblo de Israel, para hacer cuanto *tu mano* y *tu consejo* habían antes determinado que sucediera (Hch. 4:27-28).

¿Entiendes la importancia de esto? Ni por un instante los actores de esa parodia de justicia fueron los agentes que ejecutaban la acción.

¿Fueron culpables de resentimiento y debilidad de carácter? Sí.

¿Somos tan culpables como ellos por la manera egoísta con que tratamos a Jesús? Sí.

No obstante, detrás de todo eso, su juicio constituye otro recordatorio de que los planes de Dios no pueden ser estorbados. Quienes traicionaron, juzgaron y condenaron a Jesús a muerte fueron culpables de traición contra el Santo de Dios. Aun así, estaban cumpliendo un plan que Dios en su misericordia había dispuesto para que ellos y todos los pecadores traidores de todas las épocas pudieran ser perdonados y declarados libres de culpa delante de Él.

Nuestro mundo actual gira en círculos viciosos de corrupción y de caos. Pero ningún nivel de maldad puede tener la última palabra porque *el cielo gobierna.* Dios cumplirá sus propósitos justos aun si los horrores de nuestros tiempos son las herramientas que Él usa. Al final del día, "ciertamente la ira del hombre [lo] alabará" (Sal. 76:10).

Esa es la lección clave de todo este espectáculo indignante y exasperante de Jesús siendo sometido a juicio. Las acciones malvadas protagonizadas por hombres perversos se convirtieron, en realidad, en instrumentos en el plan de Dios para rescatar y redimir a los pecadores de sus pecados. Para rescatar*nos* y redimir*nos* de nuestros pecados. Tal es el poder de Dios para gobernar y anular las maquinaciones más abyectas de los malvados.

El ejercicio de recordar a Jesús ante Herodes, ante Pilato y ante el sanedrín puede consolar nuestra alma cuando quienes tienen autoridad abusan de su poder, mienten acerca de nosotros y nos maltratan. El mismo Jesús que soportó el ser acusado falsamente, inculpado y maltratado puede darnos la gracia para sobrellevar el trato injusto.

Conforme seguimos a Jesús fielmente, podemos estar seguros de que Él siempre y al final nos llevará al lugar de su elección, sin importar los obstáculos que tengamos que enfrentar. Nunca viviremos una situación que escape al control de nuestro Dios.

¿Qué situación en tu vida o en el mundo hoy hace tambalear más tu confianza en el poder de Dios para sacar el bien del mal?

¿Cómo cambia tu respuesta frente a esas situaciones el hecho de entender que ninguna acción o decisión humana invalida los planes de Dios?

Padre celestial, te doy gracias porque no permitiste que el egoísmo o el odio humano cambiaran tu plan de buscarnos y redimirnos. ¡Gracias por el recordatorio de que el cielo gobierna! Te pido que el ejemplo de Jesús me anime y fortalezca cuando enfrento pruebas. Y que mi corazón permanezca firme en ti en todo lo que tengo que experimentar.

AMÉN.

Día 25

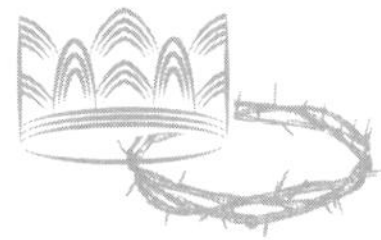

Firme a cada paso

El silencio majestuoso de Cristo

Como cordero fue llevado al matadero; y como oveja delante de sus trasquiladores, enmudeció, y no abrió su boca.

—ISAÍAS 53:7

De las muchas cualidades incomparables de Jesús, una que me asombra es su capacidad de guardar silencio cuando lo acusan falsamente. Su respuesta difiere en gran manera de mi reacción introspectiva cuando me siento atacada injustamente. Tal vez también es muy diferente a tu manera de reaccionar. Cuando soportó injusticias descaradas, cuando lo sometieron a un tribunal insufrible tras otro, Jesús se destaca más por lo que *no* dijo que por lo que *dijo*.

Fue admirable en su silencio.

Verás que los "tribunales" donde fue juzgado no fueron fortalezas de decoro en los que tuvo lugar un interrogatorio formal y una serie de testimonios de forma ordenada y oficial. Los juicios en esos contextos corruptos no se impartieron conforme a las reglas, sino en la confusión y el fragor, la agresividad y la interrupción. Casi cualquier persona en el lugar de Jesús, lejos de *suprimir* su voz, estaría *levantándola,* rogando ser oído en medio de la cacofonía de voces que competían por recibir atención.

Aun así, en medio de todo, Jesús permaneció en el banquillo de los acusados y dijo poco. Recibió el veneno y conservó la paz.

- *Con los líderes judíos*: "¿No respondes nada? ¿Qué testifican estos contra ti? Mas él callaba, y nada respondía" (Mr. 14:60-61).

- *Con Pilato*: "¿No oyes cuántas cosas testifican contra ti? Pero Jesús no le respondió ni una palabra" (Mt. 27:13-14).
- *Con Herodes*: "Y le hacía muchas preguntas, pero él nada le respondió" (Lc. 23:9).

En Getsemaní, cuando la sombra oscura de la cruz se cernía delante de Él, Jesús había derramado su corazón delante del Padre, no solo una vez, sino "por segunda vez" (Mt. 26:42) y "por tercera vez" (v. 44). Había orado con fervor y repetidamente a su Padre: "pase de mí esta copa", si acaso existía alguna otra manera, alguna otra vía, para que Él llevara a cabo la obra para la cual fue enviado (v. 39).

Sin embargo, tan pronto salió del huerto, Jesús dejó sus palabras a un lado. Dejó sus oraciones con el Soberano celestial y, de ahí en adelante, limitó lo que dijo a otras personas.

Observa aquí también el contraste. Con cuánta frecuencia en lugar de hablar con nuestro Padre celestial acerca de las pruebas que padecemos, en lugar de esforzarnos por comprender sus propósitos y perspectivas, en lugar de alinear nuestros corazones con su voluntad, ventilamos nuestra angustia con todo el mundo. Nos apresuramos a responder enfurecidos correos electrónicos y mensajes de texto. Nos quejamos con cuanta persona se cruza por nuestro camino. Denunciamos los motivos y las transgresiones de otros al tiempo que nos presentamos a nosotros mismos de la manera más favorable.

Jesús no. Él no atacó a otros. Él no buscó refutar las mentiras que lanzaban contra Él. No protestó por la injusticia de los procedimientos ni apeló a una corte superior. Permaneció en silencio la mayor parte del tiempo. Y las contadas veces que respondió verbalmente, habló sin miedo y sin ánimo de reivindicación. Mientras que sus acusadores eran consumidos por la rabia, su talante nunca sucumbió y sus palabras fueron escasas, deliberadas y libres de pecado.

¿Fue estoico nada más? Hemos visto personas que son hoscas e iracundas en su silencio. Hemos visto a personas armarse de valor para no dar a sus adversarios el gusto de verlos desfallecer. En cambio, la expresión de Cristo nada revela que fuera rudo o severo.

Sin duda, el silencio de Jesús desconcertó a sus interrogadores. El hecho de que rehusara contestar sus preguntas suponía un desafío tácito a su autoridad. Con todo, lo vemos en las Escrituras no como un estoico, sino como el Hijo que expresa sumisión a su Padre, y como quien posee una confianza tranquila en su llamado y en la veracidad de su identidad.

Observa que Él nunca negó la verdad con lo que dijo o con lo que calló. Antes bien, eligió no devolver los ataques que recibía o defenderse a sí mismo. ¿Por qué? Porque Él "encomendaba la causa al que juzga justamente" (1 P. 2:23). Él sabía que el Único cuya opinión realmente importaba iba a defenderlo en el momento propicio. Y Jesús estuvo dispuesto a esperar a que Dios actuara, en lugar de arremeter contra otros en un esfuerzo por demostrar su inocencia ante un tribunal humano.

Aunque desde una perspectiva humana Él podría parecer una víctima, su silencio dejó claro que no lo era, que esos acontecimientos eran parte de un plan divino que Él aceptaba por completo. Vemos esto en Getsemaní cuando dijo a Pedro: "Mete tu espada en la vaina; la copa que el Padre me ha dado, ¿no la he de beber?" (Jn. 18:11). Observa la confianza tranquila, la clara declaración de propósito. La vida de Jesús estaba en las manos de *Dios,* no en las manos de quienes lo acusaban o de sus seguidores. Él no necesitó ni buscó defenderse.

El silencio de Jesús cumplió la profecía mesiánica del Antiguo Testamento que se encuentra en el "cántico del siervo sufriente" en Isaías:

> Angustiado él, y afligido, no abrió su boca (Is. 53:7).

Jesús aceptó con humildad la misión de soportar el veredicto y el juicio de su Padre contra nuestro pecado:

> Todos nosotros nos descarriamos como ovejas, cada cual se apartó por su camino; mas Jehová cargó en él el pecado de todos nosotros (Is. 53:6).

Y esto, a mi modo de ver, es una razón más de su silencio. No solo demostró la confianza en su propia inocencia, sino la aceptación de nuestra culpa. Después de todo, ¿no significa muchas veces el silencio la aceptación de que se ha cometido una falta? Cuando se nos acusa de algo y no respondemos es porque hay algo que no queremos que se sepa. La razón por la cual agachamos la cabeza, la razón por la cual evitamos el contacto visual, es porque sabemos que somos culpables de lo que se nos acusa y que merecemos el castigo resultante.

En ese momento, en su silencio, Jesús tomó nuestro lugar. Aunque todavía no estaba en la cruz, pronto iba a estarlo. Desde ese momento llevaba ya la carga de nuestro pecado y fue forzado a responder por aquello de lo cual nosotros merecíamos ser acusados. Aunque la verdad estaba de su lado, nuestros pecados estaban sobre sus hombros.

Y nuestra salvación estuvo ahí en su silencio, en el modo callado, en su actitud de cordero que soportó el castigo que merecían nuestros pecados.

Hoy Jesús sigue casi por completo en silencio frente a los que blasfeman contra Él, los ateos que lo atacan, los críticos que lo acusan falsamente. Sin embargo, un día su voz va a tronar y hacerse oír claramente por toda la tierra. Y todos los que han hablado contra Él quedarán callados delante de su majestad, poder y gracia, mientras que quienes lo aman y adoran cantarán alabanzas eternas al León de Judá.

Por lo general, ¿cuál es tu primera reacción cuando se te acusa falsamente?

¿Qué cambiaría si tu primera reacción fuera acudir a Dios y exponer tu corazón ante Él?

Padre, tú pusiste a tu Hijo en una situación en la que Él no podía defenderse sin a la vez tener que repudiarme. La vergüenza de mi pecado silenció su voz. Que las palabras que Él prefirió callar en ese momento resuenen en mi testimonio constante. Mi testimonio de ti como mi Dios vivo, y de tu Hijo como mi Salvador vivo, cuyo sacrificio por mí revela todo a mi corazón agradecido.

AMÉN.

Día 26

El costo fue pagado

El sacrificio expiatorio de Cristo

Porque la vida de la carne en la sangre está, y yo os la he dado para hacer expiación sobre el altar por vuestras almas; y la misma sangre hará expiación de la persona.

—LEVÍTICO 17:11

A los creyentes del Nuevo Testamento nos resulta difícil entender la mentalidad de los seguidores del Señor en el Antiguo Testamento. Ellos vivieron con las promesas del pacto que Dios hizo a Abraham y a su descendencia. Vivieron con la ley que Dios entregó a Moisés en el monte Sinaí. Vivieron con la estructura y la jerarquía sacerdotales que gobernaron sus hábitos de adoración que incluían, por supuesto, el sistema de sacrificios animales que Dios había establecido como medio para obtener el perdón de pecados.

Aunque repetitivos y costosos, los rituales revelaban el deseo divino de restaurar la comunión con los infractores recurrentes a quienes había llamado para que fueran pueblo suyo. Les proveyó una vía para purificarse delante de Él.

Para estar en paz con Él.

Para expiar sus pecados.

La palabra hebrea que en el Antiguo Testamento se traduce como "expiación" y "hacer expiación" encerraba la idea de cubrir, como por ejemplo *cubrir* pecados. Ese importante grupo de palabras que aparece unas 150 veces en el Antiguo Testamento, está relacionado con el perdón de pecados y el resultado es la reconciliación con Dios.

Es probable que hayas oído la forma sustantiva *kippur*, como en Yom Kippur, el tradicional día de la expiación que celebran los judíos.

Fue establecido en Levítico 16 y prescrito como una ceremonia anual en la que el sumo sacerdote entraba al lugar santísimo en el templo para ofrecer la sangre de un becerro y de un macho cabrío, un sacrificio sustitutivo por sus propios pecados, así como por los pecados del pueblo. "Porque en este día se hará expiación por vosotros, y seréis limpios de todos vuestros pecados delante de Jehová" (Lv. 16:30).

Al mirar en retrospectiva desde el otro lado de la cruz, ¿no te alegra poder disfrutar como un hecho consumado lo que los creyentes del Antiguo Testamento solo podían esperar por la fe? Todos esos elementos de su adoración, la sangre, el sacrificio, el templo, el lugar santísimo, eran símbolos y sombra de una realidad futura más amplia. Ahora tenemos a Jesús, que "no por sangre de machos cabríos ni de becerros, sino por su propia sangre, entró una vez para siempre en el Lugar Santísimo, habiendo obtenido eterna redención" (He. 9:12). Ya no tenemos que presentarnos en el altar con nuestros sacrificios de animales una y otra y otra vez, año tras año, para expiar nuestro pecado delante de nuestro Dios.

Nuestra expiación ha tenido un costo enorme. Ningún pecado fue disimulado o pasado por alto. Hasta el último pecado fue pagado con el precio más alto. Cada uno lleva la marca roja de la sangre de Cristo.

Nosotros tenemos algo que ellos no tenían.

Aun así, ellos tenían algo que *nosotros* no tenemos, o que por lo menos olvidamos fácilmente. Tal vez necesitamos recordar que el perdón *sí* requiere un sacrificio.

Rememoremos los tiempos del sacerdocio del Antiguo Testamento. Cuando lees esa descripción (una de muchas que fueron registradas en el libro de Levítico), subraya o enumera mentalmente los diferentes componentes y etapas del sistema sacrificial, empezando por el acto pecaminoso y el reconocimiento de la culpa:

> Si alguna persona del pueblo pecare por yerro, haciendo algo contra alguno de los mandamientos de Jehová en cosas que no se han de hacer, y delinquiere; luego que conociere su pecado que cometió, traerá por su ofrenda una cabra, una cabra sin defecto, por su pecado que cometió. Y pondrá su mano sobre la cabeza de la ofrenda de la expiación, y la degollará en el lugar del holocausto. Luego con su dedo el sacerdote tomará de la sangre, y la pondrá sobre los cuernos del altar del holocausto, y derramará el resto de la sangre al pie del altar… así hará el sacerdote expiación por él, y será perdonado (Lv. 4:27-31).

¡Vaya proceso tan pesado! En cuanto a mí, me alegra estar viviendo en el lado de la historia "después de Cristo", en lugar de haber vivido en la era "antes de Cristo". Me alegra saber que no habrá sangre derramada sobre el altar en los cultos de la iglesia a los que asistiré este año, o *cualquier* año. Sospecho que compartes el mismo sentimiento. Sin embargo, es útil que tú y yo recordemos el sacrificio de Cristo por nuestros pecados, imaginar que esperamos nuestro turno en la escena de un sacrificio a la manera del Antiguo Testamento.

¿Nos parecería nuestro pecado trivial? ¿Parecería que no es costoso si se nos exigiera físicamente traer un animal para sacrificar sobre el altar como sustituto que muere en nuestro lugar y por nuestro pecado? Cuán gráfico y palpable parecería el costo de nuestro pecado si para ser perdonados tuviéramos que imponer manos sobre la cabeza tibia de una criatura inocente, oír sus gemidos de dolor cuando es atravesada por un cuchillo, ver salpicar su sangre y desplomarse a nuestros pies. ¿Nos preguntaríamos entonces si satisfacer la justicia de Dios cuesta un gran sacrificio?

Porque la realidad es que el costo es altísimo. Lo es por cada uno de nuestros pecados.

Guarda en tu corazón y en tu mente cuatro palabras que están relacionadas siempre con la expiación: *pecado, sacrificio, sustituto, satisfacción*. El *pecado* requiere un *sacrificio*. Jesucristo, el "Cordero de Dios" (Jn. 1:29) sin pecado fue sacrificado como nuestro *sustituto*. Y la justicia de la ira justa de Dios fue *satisfecha*.

¡Aleluya! ¡Somos perdonados! ¡Aleluya! ¡el Señor ha cubierto nuestro pecado! Pero esa expiación ha tenido un costo enorme. Ningún pecado fue disimulado o pasado por alto. Hasta el último pecado fue pagado con el precio más alto. Cada uno lleva la marca roja de la sangre de Cristo.

La única razón por la que somos perdonados es que Dios acepta el precio que Jesús pagó por nosotros. Para hacer expiación por nosotros.

Es mi anhelo que nunca, nunca olvidemos esto.

¿En qué cambiaría nuestro presente, nuestro futuro y nuestra manera de relacionarnos con Dios si Él no hubiera hecho expiación por nuestros pecados?

Después de lo que has leído, ¿ha abierto Dios tus ojos para ver tu necesidad de un Salvador y el precio que pagó Jesús por tu pecado? Si es así, confiésale que eres un pecador que necesita perdón. Arrepiéntete (o apártate) de tu pecado. Pon tu fe en Cristo y en el sacrificio que Él hizo para satisfacer la ira de Dios. Dale gracias porque nunca vas a experimentar su juicio gracias a que Jesús ha provisto para tu salvación.

Padre, tu santidad es tan pura y profunda que nunca podré comprenderla totalmente, y mi pecado es más horrendo y funesto de lo que yo podría entender. Si no fuera por tu misericordia y por el precio que pagó la sangre preciosa de Jesús, estaría completamente aplastado bajo el peso de mi pecado. Estoy deshecho y te ofrezco mi gratitud y alabanza eternas.

AMÉN.

Día 27

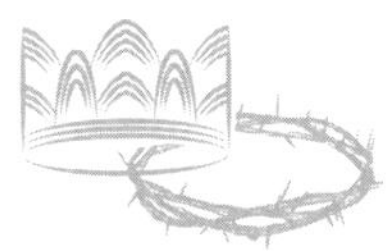

La gran central

La obra expiatoria de Cristo

Se presentó una vez para siempre por el sacrificio
de sí mismo para quitar de en medio el pecado.
—HEBREOS 9:26

¿Cuál dirías que es la necesidad más grande de todos los seres humanos?

Algunos podrían sugerir que nuestra necesidad de alimento para comer y agua para beber o, más vital aún, la necesidad de aire para respirar. Por supuesto, la vida física no puede sustentarse por mucho tiempo sin esas necesidades básicas.

Otros, conscientes de que no solo somos seres físicos, podrían argüir que tenemos una necesidad aún mayor de amor. Y definitivamente no podemos desarrollarnos sin amor, porque Dios nos creó para vivir en una relación de amor con Él y con los demás.

Sin embargo, la Palabra de Dios revela que puesto que no solo somos seres físicos que tienen un alma, sino también *pecadores* de nacimiento, nuestra necesidad de *perdón* es mayor o superior a cualquier otra necesidad que podamos tener.

Hace un tiempo, una mujer me escribió para contarme acerca de una lucha suya que describe el atolladero de la naturaleza humana caída: "He enfrentado muchas batallas en mi intento por ser lo bastante buena, por ganarme la gracia de Dios y andar con mucho cuidado, pensando que Dios me lanzaría por la borda tan pronto hago algo malo".

Esta mujer *sabe* que es pecadora y que necesita perdón, como todos nosotros. El pecado no solo nos impone una carga de culpa y remordimiento mientras vivimos aquí en la tierra, sino que también nos pone en riesgo de quedar separados para siempre de un Dios santo y de caer bajo su juicio eterno. Por consiguiente, conviene que, en este recorrido por la vida, la obra y el legado de Jesús volvamos al mensaje central de la Biblia.

La expiación.

Podría decirse que nuestra necesidad urgente de la provisión de la gracia de Dios para nosotros se encuentra en el centro de su plan para este mundo. Y ya que esta obra expiatoria de Cristo en la cruz es, en efecto, la enseñanza central de las Escrituras, no es de sorprender que las Escrituras mismas, de principio a fin, proclamen la grandeza de esta historia de una manera más eficaz de lo que yo podría contarla. Así que en lugar de ponerte a leer más lo que yo escribo, quiero animarte a que leas y medites en una serie de pasajes selectos de su Palabra.

Si estás usando este libro como preparación para la Pascua, en las dos semanas que vienen te concentrarás, al igual que cristianos de todo el mundo, en los sufrimientos y el sacrificio de Cristo a favor de los pecadores. Pero sin importar en qué momento del año leas este libro, en lugar de apresurarte o saltar esos versículos que quizá conoces desde niño (a lo que me inclino con tanta frecuencia), dedica tiempo a leerlos detenidamente y en oración, incluso en voz alta. Puede que quieras subrayar palabras o frases que describen (1) nuestro problema con el pecado y (2) lo que Dios ha hecho para remediar nuestra condición.

> Bendito sea el Dios y Padre de nuestro Señor Jesucristo, que nos bendijo con toda bendición espiritual en los lugares celestiales en Cristo, según nos escogió en él antes de la fundación del mundo, para que fuésemos santos y sin mancha delante de él, en amor habiéndonos predestinado para ser adoptados hijos suyos por medio de Jesucristo, según el puro afecto de su voluntad (Ef. 1:3-5).

> … he aquí, tú te enojaste porque pecamos; en los pecados hemos perseverado por largo tiempo; ¿podremos acaso ser salvos? Si bien todos nosotros somos como suciedad, y todas

nuestras justicias como trapo de inmundicia; y caímos todos nosotros como la hoja, y nuestras maldades nos llevaron como viento (Is. 64:5-6).

De cierto, de cierto os digo, que todo aquel que hace pecado, esclavo es del pecado (Jn. 8:34).

Porque cualquiera que guardare toda la ley, pero ofendiere en un punto, se hace culpable de todos (Stg. 2:10).

¡Miserable de mí! ¿quién me librará de este cuerpo de muerte? Gracias doy a Dios, por Jesucristo Señor nuestro. Así que, yo mismo con la mente sirvo a la ley de Dios, mas con la carne a la ley del pecado (Ro. 7:24-25).

En esto consiste el amor: no en que nosotros hayamos amado a Dios, sino en que él nos amó a nosotros, y envió a su Hijo en propiciación por nuestros pecados (1 Jn. 4:10).

Cristo nos redimió de la maldición de la ley, hecho por nosotros maldición (porque está escrito: Maldito todo el que es colgado en un madero) (Gá. 3:13).

quien llevó él mismo nuestros pecados en su cuerpo sobre el madero, para que nosotros, estando muertos a los pecados, vivamos a la justicia (1 P. 2:24).

Porque lo que era imposible para la ley, por cuanto era débil por la carne, Dios, enviando a su Hijo en semejanza de carne de pecado y a causa del pecado, condenó al pecado en la carne (Ro. 8:3).

Mas él herido fue por nuestras rebeliones, molido por nuestros pecados; el castigo de nuestra paz fue sobre él, y por su llaga fuimos nosotros curados (Is. 53:5).

Porque la paga del pecado es muerte, mas la dádiva de Dios es vida eterna en Cristo Jesús Señor nuestro (Ro. 6:23).

> Y él es la propiciación por nuestros pecados; y no solamente por los nuestros, sino también por los de todo el mundo (1 Jn. 2:2).

> ¿Quién es sabio y guardará estas cosas, y entenderá las misericordias de Jehová? (Sal. 107:43).

Expiación. La etimología de esta palabra expresa la idea de unidad y reconciliación. Dios ha provisto una vía para que los pecadores enajenados recibamos el perdón de nuestros pecados que nos esclavizan, para que nos reconciliemos con Él, vivamos en armonía y en unidad con Él.

Todo mediante la obra expiatoria de Cristo. ¡Alabado sea su nombre!

¿Por qué necesitamos la obra expiatoria de Cristo? ¿Cómo podrías intentar explicarla a alguien que nunca ha oído o entendido el evangelio?

¿Cuáles son algunas palabras o frases que usarías para describir una respuesta apropiada frente a la obra expiatoria de Cristo a nuestro favor?

¡Oh, Dios, la enormidad de tu obra redentora me asombra! Tu iniciativa de enviar a Jesús a reconciliar a los pecadores contigo es un regalo demasiado grande para tratarlo con ligereza. Aunque nunca podré comprender por completo por qué decidiste cubrirme con tu justicia, Cristo me ha hecho libre para nunca dudarlo. Te ruego que recibas mi humilde y sincera gratitud por tu gracia sublime.

AMÉN.

Tercera parte

LAS ÚLTIMAS SIETE PALABRAS DE CRISTO

Escuchemos con atención las últimas palabras del Salvador
que cuelga en el suplicio indescriptible de la cruz…
Su corazón sigue lleno de compasión y piedad.
Su voz sigue pronunciando palabras de perdón y amor
a los pecadores y desdichados.
¡Qué palabras tan conmovedoras, consoladoras
y benditas salieron de labios del Hijo de Dios antes
de inclinar su cabeza y morir!

—DAVID HARSHA[23]

Día 28

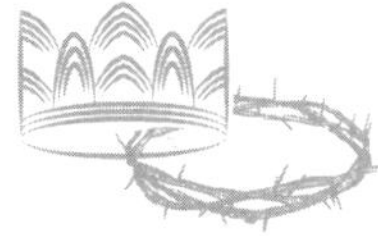

Empieza y termina en oración

La palabra de perdón, Parte 1

En pago de mi amor me han sido adversarios;
mas yo oraba.
—SALMO 109:4

Las últimas palabras que se dicen antes de morir tienen un significado especial. Aun las personas más calladas hablamos mucho a lo largo de nuestra vida. Gran parte de las palabras que decimos tienen poca importancia y no perduran. Pero quienes tienen la oportunidad de decir algo en las últimas horas de su vida, por lo general, no hablan acerca del clima o del aumento en los precios del combustible. Hablan acerca de lo que más les importa. Dicen algo que esperan sea memorable para sus seres queridos. Expresan lo que hay en su corazón.

En ese momento vemos lo que son realmente, sin filtro y sin pretensiones.

Las Escrituras documentan siete declaraciones que hizo Jesús desde la cruz en esas horas finales de sufrimiento, sus "últimas palabras" antes de su muerte y posterior resurrección. Cada una de esas declaraciones nos permiten vislumbrar la riqueza y la realidad del evangelio, y nos brindan una mirada íntima de las profundidades de su amor por el Padre y por los pecadores necesitados que Él vino a redimir.

Matthew Henry, uno de mis comentadores bíblicos antiguos favoritos, hace una observación interesante acerca de esas últimas palabras. Él se pregunta si quizás "una razón por la cual [Jesús] padeció la muerte de cruz fue para tener hasta el final la autonomía de hablar y de ese modo glorificar a su Padre y edificar a los presentes".[24] Yo sé que en ningún momento esas palabras que el Salvador eligió pronunciar han dejado de reconfortar, bendecir, consolar y verdaderamente edificar mi vida, especialmente porque las dijo cuando padecía la agonía más intensa y profunda que cualquier ser humano haya experimentado jamás.

Jesús habló… hasta el final. Y nosotros debemos escuchar.

Lo primero que dice, poco después de que lo clavaron en la cruz o tal vez mientras lo atravesaban los clavos, no fue una simple declaración. Observa la construcción de esta frase:

Padre, perdónalos, porque no saben lo que hacen (Lc. 23:34).

¿Te das cuenta de que es una oración? Jesús estaba hablando a su Padre.

Recordarás que Jesús empezó su ministerio público con oración. Oró cuando estaba de pie en las aguas del bautismo y "el cielo se abrió" (Lc. 3:21), y se escuchó la voz reconfortante del amor del Padre por su Hijo.

Por supuesto, a partir de ese momento la oración siguió siendo el estilo de vida de Cristo. Él oraba en las mañanas y hasta bien entrada la noche. Oraba en secreto y en público. Oraba sin cesar a su Padre.

Por consiguiente, si había algo natural en la crucifixión de Jesús, fue que aquí, al final de su ministerio terrenal, Él siguiera en esa conversación constante (de hecho, eterna) con el Padre. En ese momento, Jesús ya no estaba en condiciones de sanar, enseñar o poner sus manos sobre los hombros cansados de las personas angustiadas o sufrientes, pero podía orar. ¡*Nada* podía impedirle orar!

Lo obligaron a caminar el largo trayecto hasta el lugar llamado "La calavera", *Calvario* en latín o *Gólgota* en hebreo, aunque el abrumador dolor de cada paso se sentía como puñales que atravesaban sus piernas laceradas.

Clavaron su cuerpo ensangrentado a un instrumento de muerte pesado, leñoso y tortuoso, atravesaron con los clavos el tejido blando y el cartílago de sus pies y de sus manos. Levantaron su cruz junto a dos criminales, "uno a la derecha y otro a la izquierda" (Lc. 23:33).

Pero no pudieron detener su oración.

Los historiadores dicen que la muerte por crucifixión era uno de los métodos más crueles de ejecución. No solo fue el método de castigo que eligió el Padre para Jesús, sino que vino después de los brutales azotes y la despiadada flagelación, con varas que golpeaban como agujas ardientes contra su cuerpo y una corona tejida de espinas que clavaron en su cuero cabelludo. Para completar, vino la burla, el ridículo, el escarnio enfurecido. ¿Quién habría culpado a Jesús si como otros crucificados hubiera proferido maldiciones a sus verdugos romanos, al punto que a veces les cortaban la lengua para silenciarlos?

Jesús ya no estaba en condiciones de sanar, enseñar o poner sus manos sobre los hombros cansados de las personas angustiadas o sufrientes, pero podía orar. ¡*Nada* podía impedirle orar!

Pero Jesús no maldijo.

En lugar de eso, oró.

Pienso en individuos que he conocido y que se han desgastado al punto que ya no pueden ser tan activos como antes. Puede que estén confinados en sus casas, incluso en cama, por cuenta de sus limitaciones físicas o la incomodidad de privarse de actividades significativas o productivas. Ya no pueden participar de muchas tareas ministeriales. Ya no tienen la energía suficiente para servir de maneras que pueden traducirse en ayuda real o ánimo para otros.

A pesar de todo, pueden orar. Y lo hacen. En la economía de Dios, sus oraciones pueden convertirse en el ministerio más importante de su vida.

Mañana meditaremos en *lo que* oró nuestro Salvador en ese momento santo. Pero, mientras contemplamos hoy esta primera palabra que pronunció desde de la cruz, maravillémonos frente al hecho de que al final de su vida terrenal Jesús oró a su Padre, rogándole por los pecadores indignos. Y considera tus propias oraciones un ministerio que cautiva el oído del Padre y hace descender la misericordia desde el cielo sobre la tierra. Nunca dudes que la oración cambia algo y puede conectar a las personas con las bendiciones que Dios derrama.

La primera palabra de la cruz nos recuerda que nuestras oraciones pueden tener repercusiones eternas, sin importar dónde o cuándo las elevamos.

¿Cuáles son los mayores obstáculos que enfrentas para desarrollar y mantener un estilo de vida de oración?

Piensa en la manera en que torturaron a Jesús física y verbalmente cuando fue crucificado. Observa que a pesar de ello, dirigió su primera palabra a su Padre, no a sus verdugos. ¿Enfrentas alguna situación que te impulsa a seguir su ejemplo?

Padre nuestro, gracias por abrirnos el portal de la oración, por desear tener comunión constante con nosotros, por el privilegio de clamar a ti y de bendecir a otros por medio de la oración. Ayúdame a cultivar esa vida de oración aun bajo las más duras y limitadas circunstancias, intercediendo por otros como tu Hijo intercedió por nosotros.

AMÉN.

Día 29

Intercede por los transgresores

La palabra de perdón, Parte 2

Habiendo él llevado el pecado de muchos,
y orado por los transgresores.
—ISAÍAS 53:12

En días más despreocupados, antes de que la cruz estuviera presente en los pensamientos de otros y no solo en la mente de Jesús, cuando una jornada con Él podía incluir sentarse en un pequeño terreno soleado para disfrutar de la frescura y la riqueza de su enseñanza, Él dijo algo asombroso:

> Oísteis que fue dicho: Amarás a tu prójimo, y aborrecerás a tu enemigo. Pero yo os digo: Amad a vuestros enemigos… y orad por los que os ultrajan y os persiguen (Mt. 5:43-44).

Algunos oyentes debieron pensar que semejante afirmación sonaba *profunda en teoría, pero contraria a la lógica en la vida real.* A otros, la idea parecía demasiado radical o simplemente imposible de llevarse a la práctica, a pesar de que fueran palabras de Alguien tan admirable como Jesús.

"Amad a vuestros enemigos". ¿Fue eso lo que *dijo* Jesús? ¿Estaba Él preparado para *cumplirlo*?

La primera palabra que pronunció desde la cruz nos basta como respuesta.

Padre, perdónalos… (Lc. 23:34).

"*Perdónalos*" incluía un destacamento de soldados romanos que cumplían con su deber, quizás con gusto, de maltratar a Jesús con armas lacerantes y otros objetos cortopunzantes. Incluía funcionarios como Poncio Pilato y Herodes Antipas que, de forma irresponsable, se habían negado a proteger a un hombre inocente. Incluía miembros de una turba salvaje, voluble y agitada que vociferaba pidiendo su sangre. También incluía a los discípulos que Él había escogido y que eran sus amigos, con quienes viajó y en quienes invirtió su vida, pero que ahora huían y se escondían.

Por supuesto, "perdónalos" nos incluye a ti y a mí. En respuesta a la inquietante pregunta del himno clásico, "¿Presenciaste la muerte del Señor?". Sí, sí, todos estuvimos presentes. Estuvimos allí con todos los perseguidores hostiles y fugitivos cobardes que nada hicieron para impedir que mataran a Jesús y que, por el contrario, hicieron todo por precipitar su muerte.

Padre, perdónalos, porque no saben lo que hacen (v. 34).

Jesús, en cambio, sí sabía lo que hacía. Él sabía exactamente lo que estaba haciendo.

Jesús siempre fue totalmente consciente de que sus acciones eran el cumplimiento de las profecías del Antiguo Testamento. Y conocía lo que el profeta Isaías había predicho, que el Mesías iba a interceder "por los transgresores" (Is. 53:12). Así fue porque Él era, en efecto, el Mesías cuya intercesión por los transgresores y rebeldes era parte de su ministerio divino. Y en ningún otro lugar donde se manifestaron la transgresión y la rebelión humanas fueron más evidentes que aquí en el Gólgota, donde todo confluye históricamente en un día del calendario.

Jesús sabía que Él estaba ahí para ser partícipe juntamente con su Padre como la respuesta a su propia oración. Si alguna vez has hablado con alguien que considera a Jesús un simple maestro bueno, un ejemplo admirable, un hombre manso y humilde y nada más, puedes llevar a esa persona a ese lugar, a ese día, cuando pronunció estas sobrecogedoras palabras de perdón. Porque cuando Jesús oró "Padre, perdónalos", en esencia lo que dijo fue: "Padre, castíga*me* por sus pecados".

Perdónalos *a ellos*. Abandóname *a mí*.

Permíteme ser *yo* el sacrificio. Deja que *ellos* salgan libres. Sepulta sus pecados en el fondo del mar.

Eso no es manso y tierno, sino una posición valiente y heroica. Ese es el corazón de Alguien cuyo deseo de que seamos perdonados lo llevó a entregar su vida por nosotros.

Por supuesto, para muchos las palabras de Jesús solo fueron palabras. Ellos todavía "no saben lo que hacen", tal y como sucedía alguna vez con nosotros. Con todo, la ignorancia no supone inocencia. La ceguera espiritual es el producto de la incredulidad y la rebelión, de modo que solo es una pieza más de evidencia abrumadora de nuestra culpa y depravación.

Hasta que Dios abra nuestros ojos, no nos damos cuenta, no podemos darnos cuenta, de la naturaleza detestable de nuestro pecado, de cómo Dios lo ve, del sufrimiento que causó a Jesús. Porque "el dios de este siglo cegó el entendimiento de los incrédulos" (2 Co. 4:4).

Con todo, a pesar de nuestro pecado y de nuestra ceguera, el corazón de Cristo nos extiende su perdón. Mucho antes de que supiéramos quién es Él o la engañosa y aplastante enormidad de nuestra rebelión, Él pidió nuestro perdón. También pagó el precio que hizo posible que un Dios santo y justo perdone a los pecadores y los libere de su deuda. Él derramó su sangre en nuestro lugar para que pudiéramos ser perdonados. Y, hasta el día de hoy, Jesús es el Abogado de los pecadores que intercede por nosotros delante del Padre y ofrece su sangre derramada para satisfacer la justa ira del Padre y el juicio por nuestro pecado.

Cuando Jesús oró "Padre, perdónalos", en esencia lo que dijo fue: "Padre, castíga*me* por sus pecados". Perdónalos *a ellos*. Abandóname *a mí*. Permíteme ser *yo* el sacrificio. Deja que *ellos* salgan libres.

No hay duda de que eso exige, de nuestra parte, fe, arrepentimiento, asombro y gratitud eternos. Y más. Como ves, la cruz de Cristo no solo provee perdón por nuestras ofensas contra un Dios santo. También nos mueve y nos faculta para que intercedamos y perdonemos a quienes han pecado contra *nosotros*. Para que amemos a nuestros enemigos como Él nos amó cuando éramos sus enemigos.

Sé que es mucho pedir. Es difícil perdonar. Quizá digas que es *más* de lo que puedes hacer. Sin embargo, al escuchar las palabras perdonadoras de Cristo, nadie puede decir que Él no entiende lo profunda y gravemente que fuimos heridos. Y ninguno que afirme que lo sigue puede desatender su llamado a que perdonemos a quienes nos han ofendido.

Jesús oró pidiendo el perdón de sus enemigos más viles y depravados. Eso significa que nadie está fuera del alcance de su amor y misericordia; no lo estás tú ni nadie que te haya ofendido. Nadie ha pecado tanto contra ti que Jesús no esté dispuesto a perdonarlo.

Recuerda que nuestro pecado también era imperdonable, ¡hasta que Jesús oró e hizo su obra en la cruz para hacer posible ese perdón!

Amó y perdonó a sus enemigos y nos enseñó a hacer lo mismo.

¿De qué modo la oración de Jesús pidiendo el perdón de sus enemigos te ayuda cuando sientes la carga de tu pecado?

¿Hay alguien que ha pecado contra ti y necesita el perdón de Dios? ¿Te detendrías un momento a orar como oró Jesús?

Padre, gracias por un Salvador a quien le interesó más que yo recibiera perdón que su propia vida, que eligió suplir mi necesidad aun cuando yo ni siquiera era consciente de ella. Dame la gracia para extender a otros el perdón que he recibido de ti, a fin de que puedan conocerte y ser perdonados completamente por medio del sacrificio de Cristo a favor de ellos.

AMÉN.

Día 30

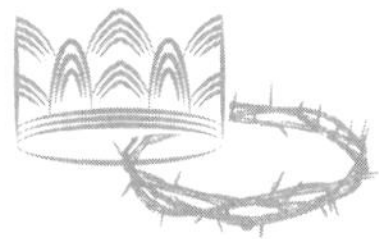

El regalo de la fe

La palabra de seguridad, Parte 1

Llevaban también con Él a otros dos,
que eran malhechores, para ser muertos.
—LUCAS 23:32

¿De dónde viene la fe?

En cierto sentido, la fe es un misterio. Más que algo *nuestro*, la fe es algo que *Dios* hace, algo que *Dios* da, lo cual significa que la fe salvadora es una obra soberana, un regalo de Dios. Jesús dijo: "Ninguno puede venir a mí, si el Padre que me envió no le trajere... ninguno puede venir a mí, si no le fuere dado del Padre" (Jn. 6:44, 65).

Al mismo tiempo, la fe es profundamente íntima y personal. Dios no lleva a cabo esa obra de una manera desconectada y a una distancia mística, sino involucrándose de forma deliberada en la vida de una persona. A su manera, Él infunde su presencia en las personas para que despierten a ella, para que sean conscientes de Él y abran sus corazones a lo que Él les revela acerca de Sí mismo y de ellas mismas.

En otras palabras, la fe es algo complejo y difícil de entender, pero a la vez sencillo y cercano cuando Dios abre los ojos ciegos e imparte su don a los corazones incrédulos. Y ese don milagroso de la fe que transforma la vida está ahí, a plena vista, en la cruz de Cristo.

La Biblia nos dice que en su ejecución pusieron a Jesús entre dos ladrones. No sabemos con exactitud los crímenes que cometieron esos hombres y, de hecho, nada sabemos acerca de su trasfondo. Solo sabemos que cada uno despreciaba a Jesús, "lo mismo" que los transeúntes y conspiradores que se divertían desde abajo: "le injuriaban también los ladrones que estaban crucificados con él" (Mt. 27:44). En sus horas de agonía, se burlaron del Único que podía darles vida.

Sin embargo, algo sucedió, algo totalmente inexplicable aparte de la intervención de la gracia de Dios en esas circunstancias.

Uno de los criminales experimentó un cambio repentino de corazón.

¿Qué pudo haber provocado un cambio tan abrupto en su manera de pensar? Quizá tuvo que ver en parte con el aviso que los verdugos escribieron bajo órdenes de Pilato y que pusieron encima de la cabeza de Jesús: "ESTE ES JESÚS, EL REY DE LOS JUDÍOS" (Mt. 27:37). O tal vez fue el hecho de que Jesús, en lugar de enfurecerse contra sus verdugos, oró por ellos, ¡pidió que fueran perdonados aun cuando su cuerpo gritaba de dolor y estaba rodeado de una multitud airada y escarnecedora!

Dondequiera que Dios obra, hay un camino.

O quizá fueron, irónicamente, los gritos de los abucheadores que vociferaban: "A otros salvó, a sí mismo no se puede salvar" (Mr. 15:31). *¿Qué quieren decir con que salvó a otros? ¿Puede Él salvar? ¿Será posible que me salve? ¿Quién es este al que llaman Jesús?*

Lo único que sabemos con certeza es que uno de esos criminales violentos, que poco antes había menospreciado y blasfemado contra el Hombre que agonizaba a su lado, redirigió su atención al ladrón del otro lado y profirió una reprensión mordaz, defendiendo a Jesús con vehemencia:

> ¿Ni aun temes tú a Dios, estando en la misma condenación? Nosotros, a la verdad, justamente padecemos, porque recibimos lo que merecieron nuestros hechos; mas este ningún mal hizo. Y dijo a Jesús: Acuérdate de mí cuando vengas en tu reino (Lc. 23:40-42).

No sé, pero me parece que esas palabras suenan a evangelio.

Ahora bien, no hay motivo para creer que ese criminal condenado fuera un estudiante de teología o estuviera familiarizado en lo más mínimo con conceptos religiosos. Aun así, me atrevo a decir que sus palabras son una predicación.

- *Él comprendió que Dios era temible,* que existía un abismo enorme entre las criaturas y el Creador.
- *Él comprendió que era culpable,* que había pecado contra ese Dios a quien todos hemos de rendir cuentas y que merecía ser condenado a muerte.
- *Él comprendió que Jesús era inocente,* que estaba padeciendo una muerte que no merecía.
- *Él comprendió que Jesús era un Rey con un reino* y que su única esperanza para la vida venidera era rogar a ese Rey que tuviera misericordia y le concediera el perdón.

No tengo explicaciones acerca de cómo un criminal endurecido pudo saber todo esto aparte de que Dios penetra los corazones más duros y les da el regalo del arrepentimiento y la fe. De hecho, ninguno de nosotros que ha recibido a Cristo ha llegado a conocerlo de ninguna otra manera. Todo lo que dijo aquel ladrón convicto acerca de sí mismo es también cierto acerca de ti y de mí.

- Hemos pecado.
- Merecemos estar separados eternamente de Dios en el infierno.
- Somos incapaces de salvarnos a nosotros mismos.
- Necesitamos un Salvador.

¿Qué podían hacer esos criminales para cambiar sus vidas cuando ya estaban bajo una sentencia de muerte y en plena ejecución? No había manera de deshacer sus hechos ni de restituir el daño que causaron. Con todo, dondequiera que Dios obra, hay un camino. Cualquier persona en cualquier lugar puede recibir el don de la fe y, sin importar cuán repentina e inesperadamente, la "iluminación del conocimiento de la gloria de Dios en la faz de Jesucristo" (2 Co. 4:6).

Con base en las Escrituras, ¿cómo describirías tu vida y la condición de tu corazón antes de poner tu fe en Jesucristo? ¿Qué tenías en común con el ladrón en la cruz?

¿Cuál es tu "historia de fe"? Ya fuera de niño o más adelante en la vida, ¿qué recuerdas acerca de la manera en que Dios se te dio a conocer, te reveló tu necesidad espiritual y te dio la fe para creer el evangelio y buscar en Cristo la salvación? ¿A quién podrías bendecir o ayudar contándole esa historia?

Padre, gracias por el asombroso testimonio acerca de la forma sobrenatural en que diste fe al criminal condenado que fue crucificado al lado de tu Hijo. ¡Cuán agradecido estoy por tu regalo de fe! Gracias, porque me buscaste, me encontraste y me llevaste a mi hogar contigo. Usa mi vida, Señor, mis palabras y cada encuentro con otros, como oportunidades para comunicar la fe salvadora a quienes tú pones en mi camino.

AMÉN.

Día 31

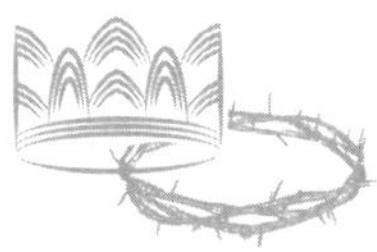

Sin duda

La palabra de seguridad, Parte 2

De cierto te digo que hoy estarás conmigo en el paraíso.
—LUCAS 23:43

Hace un tiempo hablé con una mujer cuyo padre había fallecido recientemente. Ambos padres eran creyentes en Cristo desde hacía mucho tiempo. A pesar de eso, su desconsolada madre se veía asediada por dudas persistentes y se preguntaba una y otra vez: "¿Crees que realmente está en el cielo?".

Tal vez tú, al igual que muchos, experimentas a veces dudas y temores acerca de lo que nos sucede a nosotros y a los demás después de la muerte. *¿He [han] sido lo bastante bueno[s]... fiel[es]... para ir al cielo? ¿Cómo puedo estar seguro?*

La primera palabra que pronunció Jesús desde la cruz fue una oración pidiendo el perdón de sus enemigos. Su segunda declaración fue una promesa a un hombre agonizante que no tenía razón humana alguna para esperar ser recibido en el cielo. Esta palabra puede disipar todas las dudas de cualquier pecador que ha acudido a Cristo en busca de misericordia.

Las Escrituras afirman que el deseo del corazón de Dios es salvar, no condenar a los pecadores. Vemos ese deseo en su mensaje al profeta Ezequiel: "¿Quiero yo la muerte del impío?... ¿No vivirá, si se apartare de sus caminos?" (Ez. 18:23).

Sin embargo, ¿qué hay de todos los pecados que hemos cometido? ¿Qué hay de nuestras faltas y vicios? ¿De nuestra devoción a medias por Jesús? ¿Cómo podemos esperar que Él nos reciba cuando estemos delante de Él al otro lado?

Cuando el ladrón arrepentido volvió su rostro a Jesús y le rogó diciendo "acuérdate de mí", piensa en todo aquello que Jesús, siendo Dios, podía "recordar" acerca de cómo ese hombre había elegido la vida que llevó. El criminal tenía razón: Estaba siendo castigado "justamente" (Lc. 23:41-42). La muerte era el pago que merecían los numerosos actos de maldad que había cometido. Con todo, Jesús le dijo:

"De cierto te digo que hoy estarás conmigo en el paraíso".

Eso es asombroso. Mira con qué rapidez Jesús pronuncia palabras de confianza a aquellos que acuden a Él con un corazón contrito y humillado. Ese hombre, que no merecía sino rechazo y juicio, solo recibió misericordia y gracia.

Hay algo más que me parece asombroso acerca de esta declaración de Jesús. Es la misma promesa que Él hizo precisamente la víspera delante de sus amigos más cercanos, los hombres que habían participado de su vida a lo largo de su ministerio terrenal. Durante la última cena juntos, Él les habló acerca de "la casa de [su] Padre" y de las "muchas moradas" y de cómo Él iba a "preparar lugar" para ellos. Luego añadió: "Vendré otra vez, y os tomaré a mí mismo, para que donde yo estoy, vosotros también estéis" (Jn. 14:2-3).

Qué generosidad tan grandiosa expresó Jesús aquí. Con todo, ¿quiénes aparte de esos discípulos podrían ser los más indicados para recibir tal invitación? Sería una recompensa gloriosa digna de compartirse con amigos que han demostrado, aunque de manera imperfecta, su amor y devoción por Él.

Pero el ladrón en la cruz era un asunto diferente. ¿Cómo podía la casa del Padre ser un hogar apropiado para un hombre a quien Jesús solo vio el día de su muerte, un hombre que probablemente no había hecho nada santo en toda su vida, un hombre que pocos minutos antes se había burlado de Jesús y lo había ridiculizado?

Solo hay una respuesta a esa pregunta: Jesús tiene brazos abiertos para el corazón arrepentido.

"El que a mí viene, nunca tendrá hambre... al que a mí viene, no le echo fuera... esta es la voluntad del que me ha enviado: Que todo aquel que ve al Hijo, y cree en él, tenga vida eterna; y yo le resucitaré en el día postrero" (Jn. 6:35, 37, 40).

En otras palabras, *nunca* pienses que Él (o el Padre) van a rechazar tu corazón arrepentido o que tu fe se quedará sin recompensa. *Nunca* te imagines que su perdón se esconde detrás de una serie de obstáculos que debes saltar o una lista larga de tareas que debes cumplir como prueba de que Él puede considerar seriamente tu candidatura.

Jesús es *pronto* para salvar. Él *anhela* perdonar. Él no murió para luego elevar el nivel de exigencia de su misericordia, sino que lo puso al nivel del más vil de los pecadores que busca esperanza y vida por medio de Él.

Esta promesa de Cristo constituye una verdad fundamental sobre la cual edificar una confianza y una esperanza inquebrantables. No solo cambió por completo la vida de un hombre y su futuro eterno, sino que también cambia la manera en que tú y yo nos acercamos al Padre por medio del Hijo. Significa que somos bienvenidos. Significa que Él quiere estar con nosotros. Significa que Él nos escucha y nos responde cuando buscamos en Él nuestra única fuente de ayuda y salvación.

Jesús es *pronto* para salvar. Él *anhela* perdonar. Él no murió para luego elevar el nivel de exigencia de su misericordia, sino que lo puso al nivel del más vil de los pecadores que busca esperanza y vida por medio de Él.

Su promesa también cambió para siempre nuestra perspectiva de la muerte, tanto la propia como la muerte de nuestros amigos, familiares y seres queridos. Quienes mueren en el Señor pueden esperar el "paraíso", una eternidad de paz y felicidad con Él que ha prometido a quienes renuncian al afán inútil de alcanzar la justicia propia y en cambio aceptan por la fe la justicia de Cristo como suya. En palabras de Pablo, "estar ausentes del cuerpo" es estar "presentes al Señor" (2 Co. 5:8).

Después de todo, nuestro destino eterno se basa en la confianza pura: *"Jesús acuérdate de mí"*. Y en su misericordia y gracia: *"Hoy estarás conmigo en el paraíso"*.

No es por lo mucho que sabemos, lo mucho que nos hemos esforzado ni la cantidad de bien que hemos hecho para Él. Es porque hemos creído y recibido lo que *Él* ha hecho por nosotros.

El salmista nos recuerda que:

> Los sacrificios de Dios son el espíritu quebrantado;
> Al corazón contrito y humillado no despreciarás tú, oh Dios (Sal. 51:17).

Lo único que necesitamos hacer es arrepentirnos. Creer. Y por el resto de tu vida, repetir esto tantas veces como sea necesario, ofreciendo constantemente al Señor el sacrificio de un corazón humilde. Cristo ha muerto para que tú estés con Él en el paraíso. Experimenta la paz de esa promesa ahora mismo. Hoy.

¿Qué ideas equivocadas acerca de Dios esconden las dudas acerca de su misericordia y su perdón?

¿A quién necesitas animar con la certeza de que quienes acuden a Jesús para la salvación nunca quedarán excluidos del cielo?

Gracias, Señor, por salvar al ladrón en la cruz y por incluir esa escena en las Escrituras que nos anima recordándonos que nadie está lejos, ni siquiera a un susurro de distancia, de recibir tu perdón y una vida eterna contigo. Gracias por la certeza de que tú te deleitas en salvar a todo aquel que se acerca a ti para recibir misericordia.

AMÉN.

Día 32

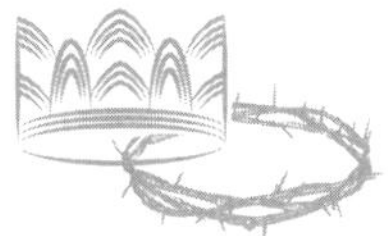

Provisión completa

La palabra de devoción, Parte 1

Echa sobre Jehová tu carga, y él te sustentará.

—SALMO 55:22

Las primeras tres palabras que pronunció Jesús en la cruz revelan el anhelo de su corazón por los demás.

Recuerda que Él oró primero a su Padre pidiendo perdón para quienes lo atormentaban.

En segundo lugar, prometió al ladrón arrepentido: "hoy estarás conmigo en el paraíso" (Lc. 23:43).

En tercer lugar, habló a su madre.

Sabemos acerca de María principalmente por el relato del nacimiento de Jesús. Muchas veces nos hemos maravillado frente a su respuesta humilde, su entrega y su adoración cuando el ángel le anunció que iba a tener al Hijo de Dios. También recordamos que más adelante, después de la visita de los pastores al niño Jesús en el pesebre, María "guardaba todas estas cosas, meditándolas en su corazón" (Lc. 2:19). Si bien los acontecimientos en torno al nacimiento de Jesús fueron seguramente difíciles, nuestra impresión general de María a partir de la historia de la Navidad es de belleza y serenidad, de consuelo y gozo.

Sin embargo, más adelante le dijeron aquellas palabras inquietantes y desconcertantes cuando ella y José llevaron a Jesús para su dedicación en el templo. Ese día, mientras el anciano Simeón tomaba al niño en sus brazos, profetizó acerca de María: "una espada traspasará tu misma alma" (Lc. 2:35). Ahora, décadas después, junto a la cruz de su amado Hijo, esa dolorosa "espada" debió partir muy hondo su corazón en dos.

María estaba allí presente. Es lo único que menciona la Biblia al respecto, que estaba "junto a la cruz de Jesús" (Jn. 19:25). Junto a Él, a la vista de todos, los soldados que llevaron a cabo la crucifixión apostaban escandalosamente para quedarse con sus vestidos. Aun así, Jesús, que no solo padecía la vergüenza de la desnudez en público, sino el tormento del intenso dolor, usó las pocas palabras que le quedaban para expresar su cuidado y protección de su madre.

Jesús murió no solo para pagar por nuestro pecado y salvar nuestra alma de la ira de Dios, sino también para redimir todo aquello que en nuestro mundo fracturado y disfuncional está descompuesto, separado e incompleto.

Cuando tú y yo miramos la cruz, por lo general nos enfocamos, con razón, en sus repercusiones espirituales. La oración de Jesús por el perdón de otros. Su promesa de paraíso para el criminal agonizante. El sacrificio que pagó por nosotros al estar dispuesto a sufrir en nuestro lugar.

No obstante, las palabras que dirigió a María desde la cruz nos revelan que su cuidado y su atención a los suyos abarca todas las esferas de nuestra vida, no solo la espiritual. Jesús murió no solo para pagar por nuestro pecado y salvar nuestra alma de la ira de Dios, sino también para redimir todo aquello que en nuestro mundo fracturado y disfuncional está descompuesto, separado e incompleto.

Tenemos un Salvador que se interesa por todo lo que nos concierne.

Lo vemos claramente en ese momento junto a la cruz. Ahí estaba Jesús, completamente enfocado en cumplir la obra más importante en la historia del mundo. En solo seis horas tenía que asegurar nuestra salvación. Seis horas de todas las horas que se extienden a lo largo de milenios de existencia humana. Con todo, ¿a qué o a quién consagró una porción de ese tiempo limitado?

"Vio Jesús a su madre, y al discípulo a quien él amaba, que estaba presente" (Jn. 19:26).

Imagina los temores que debieron apoderarse del corazón de María durante esas horas. Al leer entre líneas el pasaje de las Escrituras, parece que su esposo José había fallecido años antes, por lo que la responsabilidad de proveer para ella y de cuidarla correspondían en ese caso a Jesús como hijo primogénito. Sabemos que ella tenía otros hijos menores que no creían todavía en las palabras que había declarado Jesús acerca de sí mismo. Posiblemente también tenía conocidos, tanto judíos como romanos, que sabían de su lealtad a ese hombre que ellos despreciaban y habían juzgado como criminal. ¿En cuánto tiempo su valentía maternal de permanecer allí en la cruz se traduciría en más escrutinio cruel contra ella?

¿Iba a estar a salvo María? ¿Quién iba a cuidar de ella? ¿Cómo iba a suplir sus necesidades diarias y prácticas? ¿Cómo iba a ser su vida cotidiana en ausencia de Jesús?

Jesús estuvo atento a todas esas preguntas. Él pensó en lo que María iba a tener que enfrentar en los días subsiguientes. Él se preocupó por *ella*. Él expresó su cuidado de manera práctica, al proveer lo necesario de manera amorosa y adecuada por medio de Juan, el discípulo amado que estaba con María junto a la cruz.[25]

Él dijo a su madre:

"Mujer, he ahí tu hijo".

Luego dijo al discípulo:

"He ahí tu madre" (Jn. 19:26-27).

Cuando se encontraba cumpliendo la obra más importante de la historia del mundo, Jesús no pasó por alto lo que para otros hubiera sido una tarea relativamente insignificante: atender las necesidades futuras de su madre. Y Él se esforzó por encomendarla al cuidado de alguien aún más cercano que un hijo natural. Alguien que Él sabía que compartía la fe de ella y el amor de ella por Él. Alguien que iba a amar y honrar a quien lo había amado y honrado a Él a lo largo de todo su ministerio terrenal. Alguien que la iba a proteger, iba proveer todo lo necesario y suplir cada necesidad cuando Él ya no estuviera físicamente presente con ella.

"No os dejaré huérfanos" fue una promesa que hizo Jesús a sus amigos más cercanos al aproximarse el momento en que iba a morir e irse de esta tierra (Jn. 14:18). Ahora, como hijo amoroso, Él decía lo mismo a su madre. Y te dice lo mismo a ti.

Cuando pierdes las fuentes de provisión con las que has contado para suplir tus necesidades o el bienestar que has anhelado, puedes confiar en que Jesús siempre proveerá lo que necesitas en cada etapa de tu vida.

Todo lo que te falta, todo lo que necesitas, todo lo que anhelas, Él lo conoce. Y Él lo sabe y se preocupa por ello. Él cuidará de ti.

Desde la cruz y hasta el lugar donde te encuentras.

¿En qué áreas o temporadas de tu vida te has sentido a veces desconectado del cuidado y la atención de Cristo? ¿De qué manera la devoción de Jesús por su madre consuela y afirma tu corazón?

¿De qué manera el cuidado de las necesidades prácticas de los miembros de la familia que Él ha puesto bajo tu cuidado glorifica a Dios y anima a otros a creer en el evangelio?

Jesús, me maravilla tu cuidado tierno y considerado por aquellos a quienes amas. Gracias por asumir la responsabilidad por cada área de nuestra vida, por la manera en que dispones y atiendes hasta las necesidades y los detalles más pequeños, y por la certeza de que nunca estaremos desamparados. Ayúdame a no descuidar ni resentir el cuidado que debo tener de aquellos que has puesto bajo mi responsabilidad.

AMÉN.

Día 33

Contactos familiares

La palabra de devoción, Parte 2

Todo aquel que hace la voluntad de mi Padre que está en los cielos, ese es mi hermano, y hermana, y madre.

—MATEO 12:50

En medio de la turba enardecida y agitada, se agrupó en aquel día oscuro junto a la cruz un puñado de testigos con corazones rotos y ojos fijos en el Hombre que colgaba en medio, agonizando entre dos criminales convictos.

Allí estaba María, la madre de Jesús. También la hermana de ella. La mayoría de los comentaristas que compaginan los diferentes relatos de los Evangelios, creen que el nombre de aquella mujer era Salomé, esposa de Zebedeo y madre de Santiago y Juan, dos de los discípulos de Cristo.

Las Escrituras hacen referencia a otras dos mujeres que estaban presentes ese día. Ambas se llamaban María. María, esposa de Cleofas, era tal vez la madre de otro apóstol. Estaba también María Magdalena, a quien Jesús había liberado de "siete demonios" (Lc. 8:2) y era parte de sus seguidores fieles y duraderos. Para completar el grupo estaba Juan, el "discípulo [que] amaba" (Jn. 19:26), que a pesar de que en un principio había huido por temor con los otros miembros del círculo íntimo de Cristo, tuvo el valor de regresar y velar con los demás.

Así que estaban presentes algunos familiares de Jesús, pero más que eso. Porque incluso a los que no estaban emparentados los unía un lazo mucho más poderoso y real que el simple vínculo biológico y de sangre. El otro factor que unía a este grupo con tal cercanía era el Hombre cuya sangre se derramaba por sus manos, sus pies y su costado, corría por la cruz y manchaba el suelo que pisaban.

El amor, la fe y la confianza de ellos en Jesús era lo que unía a estos testigos como uno solo.

Una verdadera familia.

Eran el cuerpo unido, la familia colectiva de creyentes por cuya creación Jesús entregaba su vida. Esta nueva familia creada en la cruz no excluye los lazos de parentesco de familia ni nos da licencia para descuidar sus necesidades. Antes bien, multiplica y transforma nuestras relaciones familiares naturales, para ampliarlas en una hermandad que evita que *alguno* sea abandonado o desatendido, que quede huérfano o enviude, en penuria o siendo invisible.

Puede que la distancia se interponga, la muerte intervenga, las decisiones egoístas interrumpan o las circunstancias acarreen dificultad. Con todo, dondequiera que estén los que pertenecen a Jesús, bajo cualquier circunstancia, hay otros miembros de su familia extendida que pueden acogerlos, suplir sus necesidades y proveer el compañerismo de un mismo sentir, un mismo anhelo y un mismo propósito.

Así que cuando Jesús bajó la mirada y reconoció los rostros conocidos que lo miraban, Él vio sus expresiones de angustia como quien mira a su propia familia. Y estableció explícitamente tal conexión:

A su madre dijo: ***"Mujer, he ahí tu hijo"***.
Y a Juan, su discípulo amado: ***"He ahí tu madre"***
(Jn. 19:26-27).

"Mujer". Para nuestros oídos modernos esta manera de referirse a su madre puede sonar distante y fría. Sin embargo, es evidente que Jesús no expresó en absoluto falta de respeto o amor hacia la mujer que lo había dado a luz. Tal vez evitó dirigirse a ella con la palabra más común "madre" para protegernos de cualquier tentación de exaltar a María por encima de lo que conviene. Con todo, el lenguaje menos sentimental también sugiere el nuevo linaje familiar que Él estableció; y, con ello, incluyó en ese linaje a todo su pueblo.

Jesús se propuso establecer allí en sus mentes (dejándonos, de paso, claras instrucciones) la nueva realidad de unas relaciones primordiales, más fuertes que los lazos de sangre, las cuales iban a existir en su reino a partir de ese momento. En las relaciones interconectadas de la familia espiritual de Jesús, cada uno de nosotros, sin importar quiénes seamos, tiene más en común con esas personas cuya fe en Cristo coincide con la nuestra.

En otras palabras, nuestros lazos familiares más valiosos en la vida se forjan en la cruz, se forman en torno a nuestras relaciones mutuas con Jesús y están literalmente hechas para durar para siempre. Las responsabilidades legítimas que tenemos para con nuestra familia física en amor y obediencia a Cristo también se extienden más allá de nuestros parientes. Como creyentes, tenemos un llamado mucho más amplio a cuidar y a servir a nuestros hermanos y hermanas en Cristo y a vivir con la confianza agradecida de que ellos, a su vez, cuidarán de nosotros.

Estamos juntos en Él. Somos uno. Somos familia.

Así que, aunque Juan no era hijo biológico de María, tomó el relevo según dispuso Jesús al morir.

"Y desde aquella hora", relata el Evangelio, "el discípulo la recibió en su casa" (Jn. 19:27).

Estoy muy agradecida por los hermanos y hermanas, padres y madres, familias espirituales que me han acogido y me han recibido en su corazón y en sus hogares a lo largo de los años, especialmente en las décadas de vida soltera, brindándome su amistad, aliento, consejo práctico y ayuda. Qué gozo ha sido abrir mi corazón y mi hogar a otros, cuidar de ellos, confirmarles el amor de Dios y acompañarlos en tiempos de desaliento o necesidad.

Nuestros lazos familiares más valiosos en la vida se forjan en la cruz, se forman en torno a nuestras relaciones mutuas con Jesús y están literalmente hechas para durar para siempre.

Cristo nos llama a ser su familia aquí en la tierra. Y todo se desprende, todo *es fruto*, del cuidado amoroso y la devoción que Cristo inició en medio del suplicio y la agonía de la cruz. El vínculo familiar que Él desea que tengamos y que Él desea que el mundo vea *en* nosotros es demasiado grande y amplio para limitarlo al puñado de personas con quienes compartimos un nombre o el ADN. Fuimos reunidos y adoptados como una familia mundial y multigeneracional que solo el poder y la sangre de Cristo podían crear.

Nuestro deber es amar a nuestros hermanos y hermanas en Cristo. Nuestro privilegio es ser amados por ellos.

Si dudas en acercarte a otros miembros del pueblo de Dios para buscar ayuda práctica, oración y consejo, ¿qué te impide hacerlo?

¿Hay alguien a quien te guía el Espíritu de Dios, alguien que necesita el cuidado de esos lazos familiares en Cristo?

Padre nuestro, ¡esta realidad es maravillosa! Tú has hecho de tu pueblo una familia y me has invitado a ser parte de ella. Ayúdame a amarla y a consagrarme a tus hijos como Cristo mismo se consagró a nosotros y nos ha mandado cuidar de los demás. Gracias por estos hermanos y hermanas que me has dado. Te pido que te honremos a ti y a tu Hijo amándonos como debe ser.

AMÉN.

Día 34

¿Por qué?

La palabra de abandono, Parte 1

¿Por qué estás tan lejos de mi salvación,
y de las palabras de mi clamor?

—SALMO 22:1

Nueve de la mañana.[26]

Durante las primeras tres horas en que colgó de la cruz, Jesús rompió el silencio en tres ocasiones. Oró pidiendo el perdón de sus enemigos, prometió al ladrón penitente que estaría con Él en el paraíso y proveyó para su madre el cuidado necesario.

Doce del mediodía.

De repente, justo cuando el sol estaba en su punto más alto en el cielo, descendió sobre la tierra la más absoluta oscuridad, lo cual representa de manera clara y dramática el juicio divino que cayó sobre Jesús en el momento más doloroso y difícil de su obra redentora.

Jesús ya había sufrido crueldad a manos de los seres humanos. Ahora, durante las tres largas horas antes de su último aliento, la Luz del mundo quedó sumergido, en cuerpo y alma, en una oscuridad profunda e insondable.

Tres de la tarde.

Durante la semana de Pascua, los sacerdotes en el templo habían empezado a atravesar con cuchillos cientos de miles de corderos para el sacrificio. La sangre corría desde el altar, descendía en torrentes y cruzaba el canal hasta el valle del Cedrón.[27] Y ahora, en el cercano monte de Gólgota, el Cordero Pascual de Dios (1 Co. 5:7) moría por los pecados del mundo. La agonía creciente y el suplicio habían llegado al colmo. Como predijo el profeta Joel, el sol se oscureció y ahora Cristo

... rugirá desde Sion, y dará su voz desde Jerusalén (Jl. 3:15-16).

Durante esas horas antes del mediodía, Jesús había clamado a favor de las almas y las necesidades de quienes lo rodeaban. Ahora, oculto de la vista y tras el velo negro de horrendas tinieblas, Jesús clamó a Dios por su propia alma angustiada.

"Dios mío, Dios mío, ¿por qué me has desamparado?"
(Mt. 27:46).

Es imposible para nosotros comprender la profundidad y el significado que encierran estas palabras.

Nunca antes Jesús había estado separado de su Padre. Trata de imaginar eso. Él siempre había hecho la voluntad de Dios. La culpa y la vergüenza nunca lo habían apartado de la presencia de su Padre, que lo recibía siempre. La cruz que Él había cargado gran parte de su vida cuando fue injuriado, rechazado, abandonado y malinterpretado, fue más humillante y dolorosa de lo que ninguno de nosotros podría experimentar jamás. A pesar de todo, Él siempre había sabido, había tenido la certeza *absoluta*, de que el Padre era su refugio seguro, que nunca lo iba a abandonar.

Hasta ahora.

Hasta ese momento sobrecogedor de alienación y abandono.

Elizabeth Barret Browning expresó de manera poética este clamor jadeante de Cristo como "el lloro huérfano de Emanuel".[28]

Muchas veces nos enfocamos en los aspectos fisiológicos y psicológicos de lo que Jesús padeció. Pero recuerda que la crucifixión, a pesar de lo horrendamente cruel y arcaica que resulta para nuestros sentidos, era en realidad muy común en la época romana. Miles y miles de personas eran ejecutadas con ese método espantoso de pena capital. Así pues, sin descartar el dolor atroz que soportó Jesús cuando lo clavaron en una cruz, no fue para nada la única persona que experimentó tal agonía. Lo que no debemos perder de vista es el hecho de que su sufrimiento físico fue minúsculo en comparación con su sufrimiento *espiritual*, es decir, la separación de su Padre, la brecha en su comunión.

A Jesús ya lo habían abandonado antes otras personas. Incluso sus discípulos lo habían abandonado. Sin embargo, nunca antes su Padre se había alejado de Él, le había hecho oídos sordos o, peor aún, le había causado dolor.

Quizás has oído decir que Dios en el cielo apartó su rostro de su Hijo en la cruz. Esto puede dar la idea de que Dios solo participó de manera pasiva en el juicio de Cristo por nuestro pecado. No obstante, debemos tener cuidado de no crear una versión suavizada de los acontecimientos para que suene más aceptable o menos grave de lo que realmente es.

Por difícil que resulte esto para nuestra manera de pensar, las Escrituras nos dicen que "Jehová quiso quebrantarlo" (Is. 53:10). El Padre puso sobre Jesús la maldición que merecíamos por nuestro pecado (ver Gá. 3:10-13). Dios participó de manera activa, intencional y directa en la imputación de nuestro pecado sobre su Hijo (2 Co. 5:21).

El Padre lo hizo.

El Padre de Jesús lo hizo.

Oigamos, pues, el clamor de Cristo una vez más en todo su horror y angustia:

"Dios mío, Dios mío, ¿por qué me has desamparado?".

Oswald Chambers llamó a esta frase angustiante "la palabra de abandono", el clamor del Hijo por el absoluto abandono de su Padre cuando cargó sobre Él todo nuestro pecado.

Aunque sus manos ejecutaron el horrendo crimen, en última instancia no fueron los judíos ni los romanos los que dieron muerte a Jesús. El Padre dio muerte a su propio Hijo. Dios derramó contra Jesús toda su ira, haciendo caer sobre Él una eternidad completa de condenación sobre Aquel que "por nosotros lo hizo pecado" (2 Co. 5:21).

Todo sobre este Cordero sagrado del sacrificio.

Sí, "agradó" al Señor hacer esto, es decir, cumplió su propósito de ejecutar justicia divina de esa manera. Aun así, al mismo tiempo,

Él no podía estar más complacido con su Hijo. Salvarnos de nuestro pecado fue la misión por la cual Jesús vino a la tierra, y Él la cumplió. Permaneció fiel a su misión. Aún bajo la acometida del Padre, enfrentando la prueba suprema de la fe, Jesús respondió con una expresión absoluta de confianza y obediencia. Hizo exactamente lo que su Padre le había encomendado.

El sufrimiento de Jesús en la cruz no fue "maltrato divino contra un hijo", como algunos detractores lo han catalogado. Él *estuvo dispuesto* a soportar la ira de Dios por amor al Padre y por amor a nosotros, sabiendo lo que su sacrificio en nuestro lugar iba a obtener para nosotros y también para Él, "por el gozo puesto delante de él sufrió la cruz, menospreciando el oprobio" (He. 12:2). Con todo, eso no altera la dolorosa realidad de lo que Él padeció por nosotros.

Soportó el abandono de su Padre.

No solo *se sintió* abandonado, sino que *fue* abandonado.

Tomó nuestro lugar, sin importar el costo.

¿Qué te revela el abandono de Jesús en la cruz acerca de la naturaleza del pecado y de sus sufrimientos?

Si Jesús no hubiera sido abandonado, nosotros habríamos sido abandonados para siempre. ¿Cómo puede afectar esa realidad nuestra actitud hacia el pecado y hacia el Salvador?

Señor Jesús, ¿cómo puedo agradecerte que estuviste dispuesto a que tu Padre te abandonara por causa mía, a fin de que yo pudiera recibir su perdón y acercarme a Él? Soy indigno de tanto amor. Te adoro.

AMÉN.

Día 35

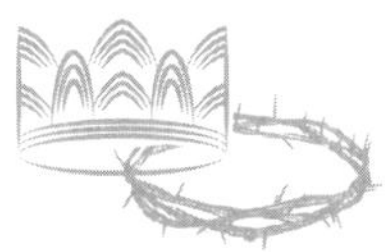

Orar con su Palabra

La palabra de abandono, Parte 2

Dios mío, clamo de día, y no respondes;
y de noche, y no hay para mí reposo.
—SALMO 22:2

A lo largo de décadas de ministerio, un sinnúmero de personas me han contado sus dolorosas anécdotas acerca de su pasado. Entre las más desgarradoras se encuentran los relatos de quienes fueron heridos, maltratados o abandonados por uno de sus padres o por ambos. En la mayoría de los casos, a raíz de los hechos y de sus repercusiones en sus vidas, como adultos les era difícil confiar en Dios como Padre.

Con frecuencia, para consolar a estos amigos y ayudarles a experimentar sanidad y esperanza, los guío a pasajes bíblicos como este:

> Aunque mi padre y mi madre me dejaran,
> Con todo, Jehová me recogerá (Sal. 27:10).

He aprendido que la Palabra de Dios, la verdad de Dios, puede preservarnos cuando sentimos que todo se desmorona en nuestro interior.

La experiencia de Cristo en la cruz ilustra este principio porque revela que la Palabra de Dios puede impulsar nuestra fe y afirmarla en el fundamento inconmovible de lo que Dios nos ha hablado, aun cuando todo a nuestro alrededor nos dice lo contrario.

El clamor de Jesús cuando experimentó abandono en la cruz es especialmente revelador en este sentido:

"Dios mío, Dios mío, ¿por qué me has desamparado?".

Como ves, las palabras de Jesús no surgieron de la nada ni salieron de su propia consciencia. Él ya las conocía bien porque, a lo largo de su vida terrenal, las había estudiado y había meditado en ellas a través de las Escrituras del Antiguo Testamento. Así pues, no sorprende que, en su hora de gran necesidad, Él haya acudido a la Palabra de su Padre en busca de palabras para orar. Y su desolación encontró una voz en este conocido clamor de los Salmos:

> Dios mío, Dios mío, ¿por qué me has desamparado?
> ¿Por qué estás tan lejos de mi salvación, y de las palabras de mi clamor? (Sal. 22:1).

"Dios mío, Dios mío… ". Estas palabras antiguas de las Escrituras, que pronunció siglos después nuestro Salvador sufriente, no solo resuenan como un clamor de desesperación, sino también como una expresión sincera e inquebrantable de fe. El salmista empieza su oración mirando *a lo alto,* dirigiéndose a un Dios que parecía ausente, sin dejar de confiar en que aún sigue ahí.

Jesús, en su agonía, también clamó a Dios. Aunque el rostro del Padre fue eclipsado, Jesús confiaba en que Él estaba ahí y podía llamarlo "Dios *mío*". A pesar de que clamó afligido y agonizante, abandonado temporalmente por Dios, no dudó de la realidad y del carácter de su Padre. Como escribió Charles Spurgeon en su comentario acerca de los Salmos: "¡Si tan solo pudiéramos aferrarnos como Jesús a un Dios que aflige!".[29]

Muchos comentaristas creen que cuando Jesús colgaba de la cruz, luchando por respirar, aguantando el dolor extremo en todo su cuerpo, es posible que haya recitado mentalmente no solo el primer versículo, sino todo el Salmo 22 (y tal vez algunos salmos siguientes). Por supuesto, no podemos saberlo con certeza, pero la progresión del antiguo himno judío definitivamente encaja con la experiencia que vivió Jesús.

Por ejemplo, después de mirar a Dios *arriba,* el salmista mira su *entorno,* examinando con seriedad a los enemigos feroces que lo rodean:

Mas yo soy gusano, y no hombre;
Oprobio de los hombres, y despreciado del pueblo.
Todos los que me ven me escarnecen;
Estiran la boca, menean la cabeza...
Porque perros me han rodeado;
Me ha cercado cuadrilla de malignos;
Horadaron mis manos y mis pies (vv. 6-7, 16).

Estos versículos (y otros similares) profetizan claramente la experiencia que vivió Jesús en la cruz.

Sin embargo, el salmista no solo mira hacia *arriba* y su *entorno,* sino que también mira en *retrospectiva,* para recordarle a Dios sus misericordias para con los santos de las generaciones anteriores:

En ti esperaron nuestros padres;
Esperaron, y tú los libraste.
Clamaron a ti, y fueron librados;
Confiaron en ti, y no fueron avergonzados (vv. 4-5).

Así que mientras Jesús sufrió separación de su Padre en la cruz, era plenamente consciente de la historia de los tratos de Dios con su pueblo que había confiado en Él para salvarlos.

Ahora bien, el salmista no se queda en el pasado o en el presente. Fortalecido por la fidelidad de Dios en el pasado, mira *adelante* con la certeza de que Dios también será fiel en el futuro:

Se acordarán, y se volverán a Jehová todos los confines de la tierra,
Y todas las familias de las naciones adorarán delante de ti (v. 27).

La posteridad le servirá;
Esto será contado de Jehová hasta la postrera generación.
Vendrán, y anunciarán su justicia;
A pueblo no nacido aún, anunciarán que él hizo esto
(vv. 30-31).

Sabemos asimismo que Jesús vio el fruto de sus sufrimientos, "el gozo puesto delante de él" (He. 12:2), como lo declaró este salmo que parece impulsar sus oraciones y afirmar su fe en esas horas finales en la cruz. Es evidente que las palabras del salmista, escritas siglos antes, se cumplieron plenamente en el momento de sufrimiento y muerte de Jesús.

En la antesala de la muerte, Jesús experimentó algo que ninguno de nosotros, gracias a Dios, tendrá que vivir jamás. Por causa de nuestra salvación, Él fue abandonado por su Padre. Con todo, nosotros que *nunca* seremos abandonados por Dios podemos acudir a la misma fuente bíblica. Cuando enfrentamos una crisis, cuando somos tentados a dudar o cuando nuestras emociones alcanzan el límite soportable, su Palabra, que hemos atesorado en nuestro corazón, nos asegura que nuestra Roca se mantendrá en pie,

> porque él dijo: No te desampararé, ni te dejaré; de manera que podemos decir confiadamente:
>
> El Señor es mi ayudador; no temeré
> Lo que me pueda hacer el hombre (He. 13:5-6).

¿Qué pasos prácticos podrías dar para tener más presente y a la mano la Palabra de Dios en los momentos de prueba?

Cuando estás angustiado y te sientes abandonado, ¿cómo puede ayudarte a avivar tu fe y fortalecer tu corazón la práctica de repasar las Escrituras y de proclamarlas en oración?

Padre celestial, tu Palabra nos asegura que nunca nos abandonarás y nunca nos dejarás. Nos promete que tú eres fiel a mil generaciones de aquellos que te aman y que invocan tu nombre. Ayúdame a confiar en ti y en tus promesas, sin importar lo que otros puedan hacerme.

AMÉN.

Día 36

Medios para un fin

La palabra de agonía, Parte 1

Esto fue para que se cumpliese la Escritura.

—JUAN 19:24

"Tengo sed".

De las siete declaraciones que hizo Jesús en la cruz, esta es la más breve. También es una de las últimas, una de las cuatro "palabras" finales que, al parecer, pronunció con breves intervalos justo antes de que su vida llegara a su fin. Solo le faltaba beber las últimas gotas de la copa de sufrimiento.

Su "palabra de abandono" ("Dios mío, Dios mío, ¿por qué me has desamparado?") expresó el aspecto *espiritual* de su sufrimiento, de lejos el más sustancial y extremo del martirio de su crucifixión. Sus anteriores declaraciones se dirigieron a sus relaciones terrenales. Solo ahora, al acercarse al final de su batalla de seis horas y en medio de un dolor atroz, mencionó algo acerca del aspecto físico de su sufrimiento. Con todo, esta dimensión no era de ningún modo insignificante. Uno de los efectos de la crucifixión era la deshidratación extrema, y la sed extrema es una de las peores formas de tortura física.

Qué paradoja es que el Creador de los océanos, de los ríos y de la lluvia, Aquel que envió un diluvio para cubrir la tierra, Aquel que hizo brotar agua de una roca para los hijos de Israel en el desierto, ahora sufriera de sed. Era una evidencia de su humanidad. Dios, como Espíritu, no siente sed, pero Dios en carne humana, como Jesús, sí. Él experimentó plenamente todas las dolencias de nuestra humanidad, a excepción del pecado.

Y del mismo modo que su dolor espiritual estaba conectado con las Escrituras, ahora lo estaba su expresión jadeante de dolor físico:

> sabiendo Jesús que ya todo estaba consumado, dijo, para que la Escritura se cumpliese: Tengo sed (Jn. 19:28).

¿"Para que la Escritura se cumpliese"? Sí. Un gran número de profecías del Antiguo Testamento se habían cumplido en el transcurso de su vida y ministerio, desde que nació a una madre virgen en Belén, pasando por su entrada triunfal en Jerusalén y las treinta monedas de plata con que Judas lo traicionó. Incluso ahora en su día final, aquí en la cruz, ningún acontecimiento era coincidencia. Cuando horadaron sus pies y sus manos y apostaron sus vestidos, todo sucedió de acuerdo con el plan de Dios. Cada palabra de las Escrituras acerca de su vida terrenal se había cumplido.

Todas, excepto la que en ese preciso momento experimentaba:

> Como un tiesto se secó mi vigor,
> Y mi lengua se pegó a mi paladar,
> Y me has puesto en el polvo de la muerte (Sal. 22:15).

> Cansado estoy de llamar; mi garganta se ha enronquecido (Sal. 69:3).

> Me pusieron además hiel por comida,
> Y en mi sed me dieron a beber vinagre (Sal. 69:21).

Hasta el final, la vida (y la muerte) de Jesús estuvieron marcadas por su profundo respeto y reverencia por la Palabra de Dios. Él veló no solo por obedecerla sino también para que se cumpliera. De modo que, al aproximarse el momento de su muerte, echó mano del aliento que le quedaba. Se estiró, presionando el tejido inflamado de sus pies y tobillos desgarrados, reunió la fuerza apenas suficiente para susurrar con voz audible. Y dijo las palabras "Tengo sed", cumpliendo así esta profecía mesiánica que faltaba.

Eso me lleva a preguntarme: ¿Nos importan las Escrituras tanto como a Él? ¿Amamos la Palabra de Dios con tal profundidad? Cuando sufrimos físicamente o de *cualquier* otra forma, ¿perseveramos firmes en reflejarlo a Él como es debido? ¿Honramos su Palabra con nuestra manera de actuar y con nuestras palabras?

Por ejemplo, 1 Pedro 5:7 habla de echar "toda vuestra ansiedad sobre él, porque él tiene cuidado de vosotros". Cuando estamos bajo presión, cuando estamos abrumados, ¿somos ejemplo a otros de lo que significa confiar a Dios nuestras ansiedades? ¿Damos testimonio visible de cuán bellamente Dios cuida de nosotros?

Por otro lado, está el tema de la gratitud. En 1 Tesalonicenses 5:18 se nos exhorta a dar "gracias en todo". Cuando sentimos que las pruebas nos exceden, cuando creemos que se nos trata y se nos habla de manera injusta, ¿nos proponemos cumplir este mandato de las Escrituras? ¿Demostramos la gratitud extraordinaria que la Palabra de Dios promete a sus hijos?

Hasta el final, la vida (y la muerte) de Jesús estuvieron marcadas por su profundo respeto y reverencia por la Palabra de Dios. ¿Nos importan las Escrituras tanto como a Él?

Debo confesar que yo soy de los que, cuando tengo sed, hambre o cansancio, lo expreso más bien en tono quejumbroso. En lo que más pienso es en mí misma y en cómo me siento, en cómo mi vida no me da en ese preciso momento lo que yo quiero. No me expreso como Jesús, que buscó manifestar delante de lo demás la confiabilidad de la Palabra de Dios.

"Tengo sed".

Él dijo las palabras y le trajeron para beber una esponja con "vinagre" (Jn. 19:29), que tenían ahí los soldados en una vasija. Alguien empapó la esponja en los restos avinagrados, insertó el trapo sucio en la punta de una rama de hisopo y la puso junto a la boca de Jesús.

¿Qué habrá movido a esa persona a hacer eso? Fue el único gesto que tenía alguna semejanza de amabilidad hacia Jesús durante el suplicio de seis horas. Ese individuo ni se imaginaba que era partícipe del cumplimiento de una profecía milenaria de la Palabra del Dios Todopoderoso.

Pero Jesús sabía. Por eso Jesús pronunció esas palabras. Y a medida que nos volvamos más y más como Él, desearemos que la Palabra de Dios se cumpla en nosotros y por medio de nosotros.

En todo tiempo. Para su gloria.

¿Qué circunstancias difíciles vives en este momento? ¿Cómo podrías reaccionar de otra manera si tu deseo consistiera en demostrar la veracidad de la Palabra de Dios en medio de ellas?

¿Cómo has visto manifestado en otros el corazón de las Escrituras en medio de sus aflicciones y de qué modo te ha afectado su testimonio?

Señor, gracias por darme tu Palabra, por hablarme, guiarme, instruirme e inspirarme. Te ruego que nunca deseche o rebaje su mensaje considerando que no es práctico, aplicable o que es imposible ponerlo por obra. Antes bien, ayúdame a ver cada circunstancia que permites en mi vida como una oportunidad para comunicar tu verdad a quienes me rodean, tal y como hizo Jesús.

AMÉN.

Día 37

Sed agónica, agua viva

La palabra de agonía, Parte 2

Si alguno tiene sed, venga a mí y beba.

—JUAN 7:37

Jesús llevaba mucho tiempo con deshidratación severa antes de clamar en agonía hacia el final de su suplicio. En un lapso de veinticuatro horas que incluyeron los sucesos en Getsemaní, su juicio y su crucifixión, Jesús había perdido muchos fluidos corporales, tanto en sudor como en sangre. Con todo, rechazó también al menos un ofrecimiento para aliviar su padecimiento.

Tal vez recuerdas ese momento, el mismo día antes, cuando los soldados encargados de la ejecución "le dieron a beber vino mezclado con mirra" (Mr. 15:23) o como dice otro Evangelio, "mezclado con hiel" (Mt. 27:34). A pesar de lo sediento que estaba, Jesús no quiso beber.

¿Por qué?

Aquella bebida tenía un efecto sedativo que aliviaba el dolor desgarrador que experimentaba toda víctima de crucifixión. Supongo que se la ofrecían a los prisioneros sobre todo para evitar los gritos exasperantes que lanzaban. Sea cual sea la motivación, ofrecía de todos modos alguna medida de alivio.

Si yo estuviera en el lugar de Jesús, soportando semejante agonía física, supongo que hubiera aceptado cualquier cosa que me ofrecieran para aliviar el malestar agobiante. ¿Lo habrías aceptado tú también? A Jesús, por su parte, no le interesaba aliviar su sufrimiento, sino únicamente cumplir su misión: amar y obedecer al Padre y sacrificar su vida por nosotros. De modo que no aceptó el brebaje sedativo. Él quería estar plenamente consciente en el uso de sus sentidos (para experimentar en toda su envergadura la copa de sufrimiento y pagar el precio completo por nuestro pecado) y tener la mente despejada (para meditar en las Escrituras y orar).

Solo ahora, ante el fin inminente de sus sufrimientos y después que bebió hasta la última gota de la copa de la ira de Dios, clamó para mencionar su sed. Solo ahora aceptó una medida de alivio, una esponja mojada en vinagre, probablemente un vino barato que usaban la gente común y los soldados, diluido en una gran medida de agua. Con ello mojó sus labios resecos y pudo exhalar un último grito de victoria antes de morir.

De hecho, es una demostración asombrosa de autocontrol el hecho de que en esas seis horas atroces haya clamado solo una vez para expresar su sufrimiento físico. Jesús no tuvo comida, agua, analgésicos ni auxilio alguno para sus necesidades humanas, todo ello mientras era privado de la comunión con el Padre. Y lo hizo por nosotros, cuya tendencia es enfrascarnos tanto en suplir nuestras necesidades y satisfacer nuestros antojos que nos resulta difícil abstenernos de algo, aun por un breve tiempo.

La sed física de Jesús, por supuesto, reflejaba la sed que su alma experimentaba. En su súplica desde la cruz casi podemos oír el lamento del Salmo 42:

> Como el ciervo brama por las corrientes de las aguas,
> Así clama por ti, oh Dios, el alma mía.
> Mi alma tiene sed de Dios, del Dios vivo;
> ¿Cuándo vendré, y me presentaré delante de Dios? (vv. 1-2).

Para entonces, Jesús había caminado en esta tierra durante treinta y tres años. Había soportado la censura y el desprecio que acarreaba su llamado divino. Lo había hecho a la perfección, sufrido, y por fin le quedaban pocos minutos para cruzar la línea final. Por eso anhelaba su hogar. Anhelaba a Dios.

Padeciendo en carne mortal, abandonado por Dios, Jesús moría para recuperar su comunión con su Padre. Ningún tranquilizante o gusto terrenal podía ofrecerle lo que solo los tesoros celestiales podían proveer para Él. Y si tú y yo aspiramos a sentir esa clase de satisfacción interior, debemos igualmente contemplar la misma realidad. Nada, absolutamente *nada*, satisface como Él satisface. Jesús en su condición de hombre tenía sed de Dios.

Mientras padecía, Jesús soportó los tormentos del infierno, uno de los cuales es la sed que es imposible aplacar. Me impresiona el contraste entre la expresión de sed de Jesús desde la cruz y la de otro hombre en las Escrituras que se quejaba de sed después de muerto. Jesús contó una vez la historia de un hombre rico que se daba la gran vida y "hacía cada día banquete con esplendidez" (Lc. 16:19), pero que murió como incrédulo y terminó "en el Hades... estando en tormentos" (v. 23). Atrapado allí en angustia eterna, clamó al otro lado del abismo: "ten misericordia de mí, y envía a Lázaro [el "mendigo" en la parábola] para que moje la punta de su dedo en agua, y refresque mi lengua; porque estoy atormentado en esta llama" (v. 24).

Es allí donde tú y yo estaríamos, muertos de sed por la eternidad, si Jesús no hubiera soportado esas horas de separación de Dios por nosotros. Su clamor de sed reflejaba la angustia de su alma cuando experimentó las llamas del juicio de Dios por toda la humanidad. Él sufrió sed por nuestro bien.

Jesús padeció en la cruz una intensa sed física a fin de que nosotros pudiéramos calmar y satisfacer nuestra sed espiritual. Él nos ha dado "agua viva" para beber, uno de los regalos del evangelio que reciben los corazones sedientos que creen.

Jesús padeció en la cruz una intensa sed física a fin de que nosotros pudiéramos calmar y satisfacer nuestra sed espiritual. Él nos ha dado "agua viva" para beber, uno de los regalos del evangelio que reciben los corazones sedientos que creen.

> Si alguno tiene sed, venga a mí y beba. El que cree en mí, como dice la Escritura, de su interior correrán ríos de agua viva (Jn. 7:37-38).

La sed de nuestros corazones nunca va a calmarse con nada ni nadie aparte de Jesús. Así pues, "el que tiene sed, venga" (Ap. 22:17), porque Jesús ya padeció sed por causa nuestra. "El que quiera, tome del agua de la vida gratuitamente" (v. 17), porque Jesús es el agua de vida que satisface plena, profunda y eternamente nuestras almas sedientas.

¿En qué situaciones has comprobado que el alivio y los recursos de este mundo son insatisfactorios e insuficientes para calmar la sed de tu alma?

¿Cómo has experimentado el poder de Jesús para satisfacer los anhelos de tu corazón con su "agua viva"?

Señor Jesús, te doy gracias por todo lo que padeciste por nosotros. No soy digno. Debí ser yo quien estuvo sediento en la cruz. Sin embargo, tú padeciste sed en tu cuerpo al tiempo que la separación de tu Padre y el tormento inextinguible del infierno, todo para que yo fuera colmado de agua viva. Te alabo, Señor, por este regalo indescriptible. Tengo sed solo de ti.

AMÉN.

Día 38

Punto final

La palabra de triunfo, Parte 1

Yo te he glorificado en la tierra;
he acabado la obra que me diste que hiciese.

—JUAN 17:4

Se cuenta la historia de un magnate, hombre de negocios y político del siglo XIX que exclamó en su lecho de muerte: "¡Tan poco he logrado, hay tanto por hacer!".[30]

¡Qué diferente fue el sentimiento que expresó nuestro Salvador en oración cuando se acercaba el momento de su muerte, afirmando que había completado la obra que su Padre le había encomendado en la tierra (Jn. 17:4)!

Si yo pudiera decir eso al final de mi vida terrenal, sin duda cerraría mis ojos en paz.

Sin importar cuánto tiempo me quede en la tierra, no será suficiente para completar todo lo que *yo* quiero lograr, todos los planes, sueños y proyectos que llenan mis listas de tareas pendientes desde que tengo memoria. Y, seguramente, nunca podré terminar todas las cosas que *otras personas* han dicho o pensado que debería hacer. Quizá tu situación se parece a la mía. ¿No te gustaría decir conmigo, es decir, no nos alegraría decir junto con el Señor que hemos completado toda la obra que *nuestro Padre* nos mandó hacer en nuestra vida terrenal?

Existe una palabra para ese sentimiento: *¡tetelestai!*

Y Jesús, en los últimos momentos de su vida, pudo exclamar triunfante esa palabra.

¡Tetelestai! Este verbo griego, conforme aparece en el Evangelio de Juan (19:30), puede en verdad ser la palabra más grandiosa jamás pronunciada en la historia de la humanidad. La mayoría de las Biblias en castellano la traducen con dos palabras:

"Consumado es".

Algunas incluso añaden un signo de exclamación, y conviene que así sea. Los relatos paralelos de Mateo y Marcos, a pesar de no incluir estas palabras exactas, describen que Jesús clamó "a gran voz" (Mt. 27:50) y "dando una gran voz" (Mr. 15:37).

"¡Consumado es!". De todas las tareas que se han emprendido a lo largo de los siglos de civilización humana, ninguna ha sido más imposible de lograr y, a la vez, ninguna ha logrado la perfección como la vida de Jesús. Él vino a la tierra con una misión y la cumplió al pie de la letra, tal y como fue planeada.

Ahora bien, dependiendo de cómo se lee y entiende, la traducción al español podría interpretarse de diversas formas:

- "Consumado es" podría sonar a *alivio*: "¡Vaya! ¡Al fin!", podría decir con un gran suspiro. "¡Cuánto me alegra que esto haya terminado!".
- "Consumado es" podría sonar a *desesperación,* algo que se dice más como un lamento, dando la impresión de estar completamente deshecho por todo lo sucedido.
- "Consumado es" podría sonar a *derrota,* algo que se pronuncia para reconocer que se ha perdido, como si a pesar de haber hecho su mejor esfuerzo, al final resultó vencido.

¿Es eso lo que percibimos en su voz? ¿Alivio? ¿Desesperación? ¿Derrota?

¡De ninguna manera!

Tetelestai es una forma del verbo griego *teleō,* que significa "llevar a término, completar, lograr".[31] Significa "terminar… llevar a cabo algo en su totalidad".[32]

Intenta imaginar que estás en ese momento antes que Jesús respira su último aliento en la cruz. El cielo está negro en pleno día. Quizás ha empezado a soplar el viento. El aire está cargado. De repente, la "gran voz" de Jesús penetra la algarabía de los soldados en su ir y venir, y los sollozos contenidos de las pocas personas que estaban lo bastante cerca y que lamentaban el cruel e inmerecido trato contra Él.

"Consumado es".

¡*Consumado!* ¡Es un grito de júbilo! ¡Es el grito de un vencedor! F. W. Krummacher describió el poder de esta palabra en su maravilloso libro *El Salvador sufriente*:

> Estas son las palabras más grandiosas y más trascendentales que se hayan pronunciado jamás sobre la tierra desde el principio del mundo... Es un grito de victoria que anuncia al reino de las tinieblas su derrota absoluta, y al reino de los cielos sobre la tierra su establecimiento eterno... Presten atención y parecerá que ante las palabras "consumado es" se oyen romperse los grilletes y caer los muros de la prisión. Esas palabras derriban barreras tan altas como los cielos, y las puertas que han permanecido miles de años selladas vuelven a girar en sus bisagras.[33]

No tenemos que hacer cuanta cosa nos sentimos presionados a hacer en nuestra corta existencia en este planeta. Nuestra misión es completar lo que nuestro *Padre* nos encomienda.

Jesús siempre tomó con seriedad el propósito para el cual fue enviado a la tierra. Lo oímos en sus primeras palabras cuando estaba en el templo a los doce años, diciendo a sus angustiados padres: "¿No sabíais que en los negocios de mi Padre me es necesario estar?" (Lc. 2:49).

Jesús se había concentrado en esos negocios a lo largo de su vida terrenal. Y ahora, cerca de veinte años después de aquella visita en el templo, Jesús confirma que ha cumplido cada tarea que Dios le encomendó. Él sanó a cada persona que vino a sanar, transmitió el mensaje que vino a comunicar, cumplió cada profecía concerniente a su ministerio terrenal. Ante todo, ofreció su vida como sacrificio por los pecadores.

Tetelestai es el término que empleaba un siervo del siglo I para decir que había cumplido la tarea que su empleador le había asignado. Ahora Jesús la usaba para anunciar que la obra de toda su vida en la tierra estaba consumada. En su exclamación "consumado es" podemos percibir el júbilo de una misión cumplida. Él no hizo cuanta cosa esperaban otros que Él hiciera. Él cumplió con éxito el propósito entero que el Padre le había encomendado cuando lo envió a la tierra.

¿Qué significa esto para nosotros? Para empezar, significa que no tenemos que hacer cuanta cosa nos sentimos presionados a hacer en nuestra corta existencia en este planeta. Nuestra misión es completar lo que nuestro *Padre* nos encomienda. Y nuestro Salvador resucitado vive en nuestro interior para darnos la certidumbre, al final de nuestro recorrido por este mundo, de que lo hemos glorificado cumpliendo eso precisamente.

Por regla general, ¿de qué manera mides el éxito en la vida a la luz de tus propios estándares o de los demás?

¿Cómo podría influir en tus pensamientos, decisiones y tu vida diaria el hecho de concentrarte en completar la obra que Dios te ha encomendado?

Padre, estoy agradecido por la fidelidad y la obediencia a tu llamado que Jesús demostró a lo largo de toda su vida. Ayúdame a discernir y a llevar a cabo lo que me has encomendado en el tiempo que me permites vivir aquí en la tierra. Glorifícate por medio de mi vida.

AMÉN.

Día 39

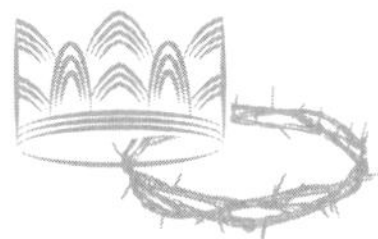

Obra completa

La palabra de triunfo, Parte 2

Ahora, pues, ninguna condenación hay
para los que están en Cristo Jesús.
—ROMANOS 8:1

"Consumado es" (*tetelestai*) es, de hecho, un mundo de palabras. Charles Spurgeon, el gran predicador del siglo XIX, sin exageración alguna dijo: "Se necesitarían todas las palabras que se han dicho o podrían decirse para explicar esa sola palabra".[34]

Para entender mejor la riqueza de *tetelestai*, las muchas facetas de "consumado es", pensemos por un momento en aquello que fue consumado. En la lectura anterior vimos que Jesús terminó la obra que Dios le mandó hacer en la tierra, como un siervo o empleado reportaba a su amo la finalización de una tarea: "¡Consumado es!".

Con todo y lo importante que es ese logro de toda una vida, no alcanza a explicar la totalidad o la magnitud de *tetelestai*. Estos son algunos ejemplos de lo que comprendía su obra consumada y de lo que significa para nosotros:

1. "Consumado es" significa el fin del sufrimiento de Jesús, lo cual nos asegura que nuestro sufrimiento terrenal también se acabará un día.

Desde el momento en que dejó la gloria del cielo para venir a esta tierra, Jesús no fue ajeno al sufrimiento. El Creador del mundo se convirtió en un bebé nacido en un pesebre. De pequeño, fue perseguido por Herodes y tuvo que huir a Egipto con sus padres. Siendo adulto, muchas veces experimentó agotamiento, soledad, necesidades físicas y amenazas personales. Lo combatieron, ridiculizaron y marginaron sus enemigos; fue traicionado y abandonado por sus amigos. Al final, en la cruz, bebió hasta la última gota de la copa de sufrimiento. Jesús consumó todo.

Esto debe inspirarnos un profundo consuelo. Un día, en virtud del sufrimiento que Él padeció por nosotros, podremos decir también a nuestro sufrimiento: "Consumado es". No habrá más lágrimas, ni dolor, ni enfermedad, ni relaciones rotas, no habrá más muerte. El malestar, la tristeza y las ansiedades de esta vida, por serias y traumáticas que sean en el presente, no serán más que un vago recuerdo. Al ponerle fecha de expiración a todo sufrimiento, Jesús nos ha garantizado una eternidad gozosa y libre de dolor.

2. "Consumado es" significa que el precio del pecado fue pagado en su totalidad. Como resultado, no queda nada pendiente por pagar por nuestro pecado.

"La paga del pecado es muerte" (Ro. 6:23). Ese es el precio que merecíamos pagar. Sin embargo, ¡la buena noticia del evangelio es que Jesús pagó todo! Dios quedó completamente satisfecho con el precio de la sangre de Jesús. Tratar de añadir algo de nuestro propio esfuerzo a esta obra sería como tener un amigo generoso que ha pagado toda nuestra hipoteca y volver al banco mes tras mes intentando hacer otro pago. No, tu deuda por el pecado fue pagada en su totalidad. Fue consumada.

3. "Consumado es" significa que el plan eterno de redención fue completado. No queda nada adicional que debamos hacer para ser rescatados de la ira de Dios.

Dios no está esperando que hagamos algo más para ganarnos nuestro lugar en su mesa. Jesús ya ha ganado eso para nosotros. En Él, la obra de salvación quedó finalizada. Cada exigencia de la ley justa de Dios fue cumplida. La tormenta de la ira de Dios hacia nosotros fue consumida, su justicia fue satisfecha plenamente. La puerta al paraíso permanece abierta y sin obstáculos o barreras que nos impidan disfrutar de la comunión plena con Él como sus hijos e hijas. Gracias a que "consumado es", nuestra redención es un hecho consumado. Lo único que podemos hacer es recibirlo con humildad en arrepentimiento y fe.

4. "Consumado es" significa que el viejo pacto quedó consumado. Por lo tanto, ya no tenemos que cumplir con esas agobiantes normas y rituales.

Quienes adoraron a Dios en el Antiguo Testamento conocían muy bien el sinnúmero de ordenanzas exigidas para tratar con el pecado y la culpa: presentarse delante del sacerdote, lavamientos ceremoniales, sacrificios de animales, derramamiento de sangre, ofrendas sacrificiales. Era un ciclo que se repetía sin cesar. Sin embargo, como explicó el autor de Hebreos, esos rituales eran "símbolo para el tiempo presente" (He. 9:9), cuya finalidad era señalarnos la obra de Cristo en la cruz. Nuestro incomparable Jesús, el Cordero de Dios, el Sacrificio acepto, nuestro gran Sumo Sacerdote, reemplazó todos esos símbolos y sombras con la realidad de la redención. De modo que ya no tenemos necesidad de rituales incesantes y laboriosos para procesar nuestro pecado.

Un día, en virtud del sufrimiento que Él padeció por nosotros, podremos decir también a nuestro sufrimiento: "Consumado es". El malestar, la tristeza y las ansiedades de esta vida no serán más que un vago recuerdo.

5. "Consumado es" significa que la batalla contra Satanás y el pecado fue ganada. Ahora nuestro adversario más implacable es un enemigo derrotado.

Imagina la victoria que Satanás pensó que obtendría cuando vio a Jesús crucificado. ¡Cuánto debió regodearse: *"¿Consumado? ¡Ja! Ya lo creo"!* Pero Satanás no entendió, porque es el fin suyo lo que se había consumado.

Sí, el diablo sigue al acecho, "como león rugiente, anda alrededor buscando a quien devorar" (1 P. 5:8), pero Cristo se vistió de carne mortal "para destruir por medio de la muerte al que tenía el imperio de la muerte, esto es, al diablo, y librar a todos los que por el temor de la muerte estaban durante toda la vida sujetos a servidumbre" (He. 2:14-15). El que tenía el poder de la muerte fue derrotado por Aquel que lo despojó de su poder, y lo hizo por medio de la muerte. Gracias a ello, el enemigo perdió su ventaja sobre nosotros para siempre.

El fin del sufrimiento. El pago completo por nuestra deuda de pecado. La culminación del plan redentor de Dios. El fin de los símbolos del viejo pacto. La victoria sobre Satanás. *Tetelestai* significa todo eso y mucho más. En palabras del clásico himno de Pascua:

> En su amor nos redimió, ¡aleluya!
> Vencedor se levantó, ¡aleluya![35]

En efecto, "consumado es". ¡Aleluya! Amén.

¿Existe alguna área de tu vida en la que aún intentas hacer algo que Jesús ya hizo por ti? Por la fe, da gracias a Dios por la obra consumada de Cristo en esa área.

¿En qué momentos eres más vulnerable para dudar que Dios te acepta? ¿Cómo podrías animar a otro creyente que se siente así?

Gracias, Padre, porque en Cristo todo ha sido consumado para asegurar que podemos ser reconciliados contigo para siempre. Ayúdame a recibir tu provisión y a no perder mi paz cediendo a la duda o al temor, o intentando llevar a cabo la obra que Jesús ya ha consumado.

AMÉN.

Día 40

En sus manos

La palabra de confianza, Parte 1

Entonces Jesús, clamando a gran voz, dijo:
Padre, en tus manos encomiendo mi espíritu.
—LUCAS 23:46

Acompáñame de vuelta a Getsemaní, menos de veinticuatro horas antes de los momentos finales de Jesús en la cruz.

Jesús está orando. Sus discípulos duermen. Gotas de sangre brotan de su frente a medida que se acercan los pasos de Judas, rodeado de un destacamento de policía del templo. Con voz resuelta, Jesús despierta a sus adormecidos discípulos: "Dormid ya, y descansad. He aquí ha llegado la hora, y el Hijo del Hombre es entregado en manos de pecadores" (Mt. 26:45).

¡Ay! Lo que le harán esos hombres con sus propias manos.

Lo flagelarán y torturarán.

Harán símbolos sencillos de realeza y los usarán para burlarse de Él.

Horadarán con clavos su carne expuesta.

Pondrán a la vista de todos su ejecución pública y vil.

Y aunque Jesús podía fácilmente juntar "más de doce legiones de ángeles" (Mt. 26:53) para desarmar a sus oponentes, Él se sometió voluntariamente a esos hombres.

A esos planes.

A esas manos.

Hace poco pregunté a una amiga qué eran las cicatrices visibles que tenía en sus brazos y piernas. Su respuesta me produjo una gran tristeza y conmoción. Las marcas eran recordatorios de heridas que sus maltratadores le habían causado, uno tras otro, a lo largo de muchos años. Ella me dijo en confidencia: "Un hombre usó mi espalda como cenicero".

Aunque los detalles pueden variar, con toda seguridad tú también has sufrido pérdidas e injusticias a manos de otros. Todos hemos vivido algo así. Esos individuos y sus planes perversos nos han causado un gran dolor. Y nuestra respuesta automática es enfocar nuestro enojo y resentimiento en aquellos que nos han lastimado, explicar cómo han arruinado nuestra vida trayendo perjuicio y desdicha, robándonos oportunidades que podríamos haber aprovechado si no fuera por lo que nos causaron. Y lo que hicieron por motivos y acciones totalmente egoístas.

Sin embargo, Jesús sabía, como nosotros podemos saber, que nuestra vida no pertenece a nadie sino a Dios. Ahora y para siempre, nuestra vida descansa en las manos confiables, seguras y protectoras del Padre.

Así que Jesús, en sus momentos finales, después de clamar "Dios mío, Dios mío" con tal vehemencia angustiosa, volvió a enfocarse una vez más en lo alto. Ya no rogó a "Dios", como si lo hiciera desde lejos, sino que se dirigió a su "Padre", cuya sonrisa y presencia volvían a ser tangibles y reales para Él:

"Padre, en tus manos encomiendo mi espíritu".

Las extremas condiciones climáticas, que desde el mediodía rodearon la cruz en oscuridad, persistían; no hubo cambio. La agonía de la cruz, el dolor abrasador de los tendones lacerados en sus muñecas y en sus pies, el desgaste pulmonar en su intento por respirar estando allí colgado no habían menguado, ni eran más soportables. Aun así, con el aliento que le quedaba y los pocos segundos restantes, Jesús sabía que su calvario había llegado a su fin.

"Ha llegado la hora", había dicho a sus discípulos en Getsemaní cuando Judas se acercó a Él en el huerto con engaño en su corazón y un saludo.

Ahora, en lo alto del Gólgota, la hora clemente por fin había llegado. La hora en que las manos de Dios que habían herido a su Hijo en la cruz ahora se extendían para darle un abrazo de bienvenida.

Esas manos lo sostuvieron a Él.

Las manos de Dios nos sostienen a nosotros.

Regresemos ahora al momento feliz en el calendario del reino, al día soleado antes que Jesús sintiera los azotes y las espinas, una hermosa página de letras rojas en nuestra Biblia que nos habla de un buen Pastor que ha venido a darnos vida abundante.

Jesús sabía, como nosotros podemos saber, que nuestra vida no pertenece a nadie sino a Dios. Ahora y para siempre, nuestra vida descansa en las manos confiables, seguras y protectoras del Padre.

Jesús está en Jerusalén, caminando libremente por el templo, no muy lejos del lugar donde iban a erigir su cruz. Los líderes judíos se acercaron y le preguntaron con sarcasmo si era el Mesías: "No nos dejes en suspenso".

Jesús no muerde el anzuelo. Él responde: "Os lo he dicho", haciendo referencia a "las obras que yo hago en nombre de mi Padre". Luego añade: "vosotros no creéis, porque no sois de mis ovejas" (Jn. 10:26). En cambio, aquellos que *sí* creen, que *son* sus ovejas (como *nosotros*), podemos descansar en esta promesa: "Mis ovejas oyen mi voz, y yo las conozco, y me siguen, y yo les doy vida eterna; y no perecerán jamás, *ni nadie las arrebatará de mi mano*" (vv. 27-28).

De la mano *de Jesús*. De la mano *del Hijo*.

Estamos seguros eternamente en sus manos. Él está para siempre en las manos del Padre:

"Padre, en tus manos encomiendo mi espíritu".

Y puesto que el Hijo está con el Padre, nosotros también estamos seguros en las manos del Padre. Como dijo Jesús aquel día consignado en Juan 10: "Mi Padre que me las dio, es mayor que todos, y nadie las puede arrebatar de la mano de mi Padre" (v. 29).

Piensa en esto: Nuestra vida está en las manos del Hijo, lo cual significa que está en las manos del Padre, las manos en las que Jesús se encomendó después que otros hubieran cometido los peores actos de crueldad contra Él.

Dejemos de oír las voces que nos repiten que nuestra vida quedó arruinada por las manos crueles que han interferido.

Levanta tus ojos, como Él levantó sus ojos cansados, más allá de la gente y de las circunstancias que te han causado tanto dolor real y duradero. Y encomiéndate por la fe en las manos de tu Padre, donde Él te ha prometido que te recibirá siempre con amor y te tratará con cuidado.

Las manos de tu Padre te sostienen y nunca te soltarán.

A la luz de tu propia vivencia y circunstancias, ¿qué significa y cómo puedes encomendarte en las manos del Padre?

¿Qué situaciones o partes de tu vida te cuesta encomendar a su cuidado? Por la fe, dale gracias porque tu vida está en sus manos y porque puedes confiar en que Él te llevará y cuidará de ti en todo tu peregrinaje hasta el cielo.

Padre, gracias porque mi vida no está en manos de la suerte o el destino, de las circunstancias o de las personas difíciles, sino en tus manos amorosas y poderosas. No existe un lugar más seguro para mí. Gracias porque eres digno de toda mi confianza. Eres todopoderoso y eternamente fiel. Hazme un testimonio de tu gracia y de tu gloria.

AMÉN.

Día 41 | *Viernes Santo*

Un asunto de muerte y vida

La palabra de confianza de Cristo, Parte 2

Y habiendo inclinado la cabeza,
entregó el espíritu.
—JUAN 19:30

Jesús murió como había vivido: orando, perdonando, amando, sacrificando, meditando en las Escrituras y encomendándose a su Padre. Esto nos lleva a preguntarnos: Si yo muero como he vivido, ¿cómo moriré? Si tú y yo esperamos contar con esos recursos cuando lleguemos al final de nuestra vida terrenal, debemos familiarizarnos con ellos desde ya.

Nuestro Salvador sufrió en completa oscuridad durante tres largas horas. En ese lapso, soportó una eternidad de sufrimiento. Había llegado su hora (la hora señalada por Dios) de expirar.

Jesús aseguró a sus discípulos que "nadie" podía quitarle su vida, sino que Él de sí mismo la entregaba (Jn. 10:18). La esencia de su ser no fue atenuada ni fluctuó por cuenta de una batalla inútil por la supervivencia. La mayoría de las víctimas de crucifixión duraban mucho más tiempo de lo que Él duró, a veces retorciéndose por días antes de que la muerte finalmente los venciera. Sin embargo, Jesús no fue vencido por la muerte. Antes bien, su muerte conquistó la muerte.

Por supuesto, lo anterior no significa que nosotros no muramos. "El polvo [vuelve] a la tierra, como era" (Ec. 12:7) y nada podemos hacer para evitarlo. Pero, gracias a Jesús, la muerte no tiene que ser nuestro fin.

Esa es la realidad que expresa Jesús en su séptima y última palabra en la cruz:

> Jesús, clamando a gran voz, dijo: *Padre, en tus manos encomiendo mi espíritu* (Lc. 23:46).

Jesús entregó su alma al cuidado de su Padre, a quien iba a volver en breve.

F. B. Meyer explica esto bellamente en su libro *Amor hasta lo sumo,* donde sugiere que "consumado es", una de sus últimas declaraciones, fue su "despedida al mundo que dejaba", mientras que su última palabra, "Padre, en tus manos encomiendo mi espíritu" fue su "saludo" al mundo al que llegaba.

> Parece que el Espíritu de Cristo se detuviera antes de ir al Padre y viera delante de [sí] no un abismo funesto, un precipicio tenebroso o un caos sin fondo, sino manos, las manos del Padre. Y a ellas se encomendó.[36]

Esa imagen de Cristo en el umbral, anticipando confianza y amor, me conmueve profundamente cuando pienso en mi propia muerte, que es nuestra realidad inevitable. Jesús no dejó ver un miedo paralizante frente a la perspectiva de dejar esta tierra. De igual modo, la realidad de morir no tiene que atemorizar a los que estamos en Él.

Por supuesto, Dios no ha prometido que nuestra muerte sea fácil. El cuerpo de Cristo fue destrozado, asolado por el suplicio en la cruz. Nuestras horas finales también pueden estar marcadas por el sufrimiento o el trauma. Aun así, las últimas palabras del Señor antes de morir nos aseguran que nuestro espíritu irá seguro con Él a la presencia de Dios, donde viviremos con Él y con nuestro Padre para siempre. Él murió pensando en la resurrección, tanto la suya como la nuestra.

Hemos señalado que Jesús tuvo presentes las Escrituras en su corazón mientras padecía en la cruz, cuando clamó en angustia las palabras del Salmo 22: "Dios mío… ¿por qué me has desamparado?". Ahora, en esos momentos finales de su vida terrenal, elevó una oración de otro salmo que tenía grabada en su mente: "En tu mano encomiendo mi espíritu" (Sal. 31:5). Y luego, como nos dice el Evangelio de Lucas, "expiró" (23:46).

El Evangelio de Mateo deja claro que Jesús no murió como una víctima indefensa, ni siquiera como un mártir pasivo. Antes bien, nos dice que Él "entregó el espíritu" (27:50). Él murió en un acto de su voluntad y en obediencia a su Padre. Él puso su vida en el altar de forma deliberada y consciente, entregándola como un sacrificio. A pesar del violento y tortuoso maltrato que padeció, Jesús murió en paz y confiado, sabiendo que su vida estaba segura en las manos del Padre.

Las últimas palabras del Señor antes de morir nos aseguran que nuestro espíritu irá seguro con Él a la presencia de Dios, donde viviremos con Él y con nuestro Padre para siempre. Él murió pensando en la resurrección, tanto la suya como la nuestra.

Nosotros podemos experimentar esa misma confianza cuando se acerque el momento de nuestra muerte.

Cabe aclarar que eso no es cierto para todo el mundo. Quienes no han creído en Cristo y no han encomendado su vida en las manos de Dios para que Él la guarde, un día serán entregados en sus manos para ser juzgados. Y las Escrituras nos advierten que "¡Horrenda cosa es caer en manos del Dios vivo!" (He. 10:31).

En cambio, para quienes hemos confiado en Cristo para la salvación, quienes hemos encomendado nuestra alma en las manos de Dios, el temor de la muerte puede disiparse gracias a la expectativa de que pasaremos la eternidad en su presencia.

Con eso en mente, echemos un vistazo a las palabras del Salmo 31 en las que Jesús basó su última oración antes de ser recibido por el abrazo del Padre:

> En ti, oh Jehová, he confiado; no sea yo confundido jamás;
> Líbrame en tu justicia...
> En tu mano encomiendo mi espíritu;
> Tú me has redimido, oh Jehová, Dios de verdad (Sal. 31:1, 5).

Tú y yo también podemos orar con esas palabras, seguros de que, al encomendar nuestra vida en las manos del Padre, Él nos conducirá más allá de la muerte a la vida eterna.

¿Cómo podemos apaciguar nuestros temores y dudas naturales frente a nuestra propia muerte con el ejemplo de Jesús al morir?

El apóstol Pablo afirmó: "yo sé a quién he creído, y estoy seguro que es poderoso para guardar mi depósito para aquel día" (2 Ti. 1:12). ¿De qué manera puede esta perspectiva darte confianza a la hora de prever el final de tu vida aquí en la tierra?

Gracias, Señor, por la paz y la seguridad que siento al saber que mi vida y mis días, aun mi muerte, están en tus manos. Ayúdame a encomendar mi ser y todas mis inquietudes pasadas, presentes y futuras a tu cuidado sabio, amoroso y misericordioso.

AMÉN.

Cuarta parte

AHORA Y PARA SIEMPRE CON CRISTO

La obra redentora consumada es,
la ardua batalla su victoria arrojó:
termina el eclipse de nuestro Sol,
atrás ha quedado su ocaso carmesí.

Vanos la piedra, los guardias, el sello;
Cristo ha roto las puertas del infierno.
La muerte ineficaz quiere resistirlo;
Cristo resucitado inaugura el paraíso.

Doquier nos lleva Cristo ahora avanzamos,
a Él, nuestra exaltada Cabeza, seguimos;
cual Él somos, cual Él nos levantamos;
nuestros, la cruz, la tumba, los cielos.

—CHARLES WESLEY[37]

Día 42

Detrás del velo

Los milagros del Calvario, Parte 1

Entonces el velo del templo se rasgó en dos, de arriba abajo.

—MARCOS 15:38

La cruz es nuestro momento decisivo, el suceso que dividió y cambió el rumbo de la historia. Es el punto al que iba dirigido todo aquello que ha importado antes y el punto que determina todo lo que importa hoy. Y para demostrarnos que la muerte de Cristo en la cruz es esa clase de suceso, absolutamente sin igual, Dios se aseguró de que su efecto no quedara confinado a una colina aislada en las afueras de Jerusalén.

Hizo que ese momento fuera acompañado de milagros.

Sobra decir que no fueron los primeros milagros vinculados con la vida de Jesús. Los cuatro Evangelios juntos relatan más de tres docenas de milagros que Él realizó antes. Esos prodigios sobrenaturales no solo transformaron la vida de personas que Jesús encontró, sino que también sirvieron de señal que confirmaban que Él era, en efecto, el Mesías, una declaración del reino de los cielos a todos lo que estaban dispuestos a recibirlo. Así que, definitivamente, en el reino cabían más milagros para acompañar el triunfo de la crucifixión y la resurrección de Jesús.

Entre los "milagros del Calvario" encontramos las misteriosas tinieblas que sobrevinieron en pleno día antes de la muerte de Jesús (Mt. 27:45), seguidas inmediatamente del estruendo repentino de un terremoto (vv. 51, 54), lo cual hizo que muchos sepulcros en la roca quedaran abiertos y aparecieran santos que habían fallecido tiempo atrás. (Examinaremos en detalle este milagro en un par de días).

Por asombroso que fuera todo esto, el milagro más espectacular por su valor simbólico fue lo que sucedió en el templo. En el preciso instante en que Jesús "entregó el espíritu" (v. 50), el grueso velo decorado con laboriosos bordados que separaba el "lugar santo" del "lugar santísimo" se partió en dos, rasgándose por la mitad "de arriba abajo".

Veamos una breve explicación de lo que esto significó. Detrás del gran velo estaba el arca del pacto, encima de la cual estaba "el propiciatorio", el lugar de reunión de Dios con su pueblo (Éx. 25:22) desde la antigüedad. Sin embargo, conforme a la ley ceremonial del Antiguo Testamento, a ese lugar santísimo solo podía entrarse una vez al año en el día de la expiación. Además, solo el sumo sacerdote podía hacerlo y únicamente para ofrecer un sacrificio de sangre por los pecados del pueblo, así como por sus propios pecados, ya que ni siquiera ese representante elegido estaba exento de necesitar el perdón de sus pecados.

El velo que antes decía "Prohibido pasar" ahora proclamaba, por su notoria ausencia, "Entrar". Entren *confiadamente*. Acérquense. Son bienvenidos aquí, bienvenidos a la presencia misma de Dios.

Así que ese velo era como una señal de "Prohibido pasar"ricamente adornada y elaborada, separando la presencia y la gloria del Dios Todopoderoso de su pueblo pecador. No estaba permitido el acceso, no sin sangre y, aun así, solo rara vez.

Pero la muerte de Jesús lo cambió todo.

Él murió a las tres de la tarde. Para los judíos que se habían reunido en Jerusalén la semana de la Pascua era la hora del sacrificio de la tarde. Imagina que eres uno de los sacerdotes que oficiaban en el templo aquel día, que estás sirviendo fuera del velo, por supuesto, ayudando a congregar a los fieles que hacían fila para presentar sus ofrendas.

El altar estaba encendido. La sangre del sacrificio corría copiosamente desde el altar. Entonces, de repente, se oyó el estruendo de una rasgadura. *¡El velo!*

El velo no era un simple trozo de tela delgada que pudiera usarse de cortina para cubrir una ventana. Las instrucciones originales para su fabricación, que se remontaban a los días del templo de Salomón, exigían con precisión que se confeccionara con hilos azules, púrpura y carmesí, y se bordaran en él imágenes de querubines (2 Cr. 3:14). Medía nueve metros de ancho y dieciocho metros de alto. Según las fuentes de la era del templo que investigó el historiador y académico bíblico del siglo XIX Alfred Edersheim, el velo era "del grosor de la palma de una mano" y tan pesado que se necesitaban trescientos sacerdotes para moverlo.[38]

Con todo, en el momento de la muerte de Cristo esa tela maciza se rasgó por la mitad como una hoja de papel y quedó recogido hasta el piso en un montón voluminoso, como cortado con tijeras por una mano invisible. Y de forma súbita, un lugar sagrado que estaba funcionalmente prohibido para todo el mundo y permitido únicamente a una persona con el privilegio de entrar una sola vez al año, quedó completamente descubierto.

Imagina la conmoción, las expresiones de sorpresa, las bocas abiertas, lo aturdidos que quedaron los presentes en el templo que no podían quitar la mirada del lugar, junto con el reflejo natural de cubrirse los ojos para no ver demasiado. ¿Quién podía soportar quedar expuesto, sin protección, delante de la presencia santa de Dios?

La respuesta es: *cualquiera...* ahora que Dios había recibido la muerte de su Hijo, la muerte del Cordero, como sacrificio final por el pecado.

El momento en que el velo del templo se rasgó marcó el final del sistema del antiguo pacto. Jesús "entró una vez para siempre en el Lugar Santísimo, habiendo obtenido eterna redención" (He. 9:12). La brecha infinita que existía entre Dios y la humanidad quedó subsanada. El velo que antes decía "Prohibido pasar" ahora proclamaba, por su notoria ausencia, "Entrar". Entren *confiadamente*. Acérquense. Son bienvenidos aquí, bienvenidos a la presencia misma de Dios.

Esa invitación sigue en pie para ti, para mí, para todos los que creen. Y no es nada menos que milagrosa.

La carne de Cristo fue desgarrada en el Calvario. Su espíritu fue rasgado de su carne en el momento de su muerte. Y las repercusiones cósmicas de toda esa realidad desgarradora se sintieron incluso en el suelo, en la ciudad, en el templo, desgarrando todo lo que pudiera impedir que nos encontráramos con Dios en el propiciatorio.

La ignominia de la crucifixión se convirtió en el milagro que está disponible para todos en todos los tiempos.

Y de ese milagro dependemos todos desde ayer, hoy y para siempre.

¿Qué pasaría si el acceso libre y gratuito a la presencia de Dios fuera tan asombrosamente novedoso para nosotros hoy como lo fue para aquellos primeros espectadores? ¿Lo trataríamos diferente?

Cada vez que Dios pareciera silencioso y distante, ¿en qué te ayuda entender el velo rasgado a fortalecer y consolidar tu fe?

Padre celestial, qué gran misericordia has tenido de darnos la bienvenida a tu santa presencia. No puedo imaginar que fuera excluido y no tuviera la posibilidad de hablar contigo, de oírte o acercarme a ti. Gracias, Señor Jesús, por ofrecerte como sacrificio en nuestro lugar para que la barrera entre nosotros y el Padre fuera derribada. Gracias a ti podemos acercarnos confiadamente a Él y nunca más estar separados de Él.

AMÉN.

Día 43 | Domingo de resurrección

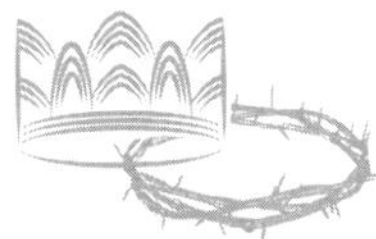

Es Pascua todos los días

La resurrección de Cristo

No está aquí, pues ha resucitado, como dijo.
—MATEO 28:6

¡Feliz día de resurrección! Si has estudiado este libro siguiendo el calendario de la Cuaresma, hoy debe corresponder al Domingo de Pascua. Y aunque hayas seguido un plan diferente (o no tengas plan alguno), sentir gozo es la actitud correcta. Porque para quienes seguimos a Cristo, cada día es en cierto modo una celebración de ese suceso prodigioso y formidable.

Como hemos visto, la cruz de Cristo ocupa un lugar central en la historia del evangelio. Fue el acto supremo de amor sacrificado en la historia de la humanidad. Y la resurrección de Jesús completa esa historia de manera triunfal. Convirtió la desesperanza y una aparente derrota en una victoria y esperanza eternas. En conjunto, los dos sucesos constituyen el eje de la historia de la humanidad. Son lo que hacen a Jesús incomparable y lo que separa a la fe cristiana de todas las demás religiones.

Aunque nadie ha vivido jamás como vivió Jesús, otros *han* vivido.

Y aunque nadie ha muerto jamás como murió Jesús, otros *han* muerto.

Sin embargo, nadie, ¡nadie ha resucitado jamás de los muertos para nunca volver a morir, como Jesús!

La resurrección lo cambia todo. Cuando lees el Nuevo Testamento te das cuenta de que la resurrección ocupa un lugar de suma importancia. Si no fuera por la resurrección de Jesús, tú y yo no tendríamos esperanza de vida eterna (ver 1 P. 1:3). La cruz sin la tumba vacía es insuficiente. Pero Jesús, nuestro incomparable Jesús, es siempre suficiente.

Así que, en este importante día, dediquemos juntos un tiempo adicional para meditar en siete significados de la resurrección. ¿En qué afecta la tumba vacía a quienes han puesto su fe en Cristo no solo hoy sino la semana siguiente y más adelante? ¿En qué nos beneficia cuando enfrentamos sufrimiento, lágrimas, fracaso o temores?

1. La resurrección significa que hay esperanza incluso en la circunstancia más extrema.

Significa que Dios es todopoderoso y que puede abrir un camino donde pareciera no existir uno. Significa que un día se enjugará toda lágrima y toda tristeza se convertirá en gozo.

La Pascua nos recuerda que Dios ha vencido a la muerte al pasar por ella y que, sin importar cuántos enemigos busquen derribarlo, es imposible que Él vuelva a morir. Aunque pasemos por desastres naturales o en nuestras relaciones, se deteriore nuestra salud o decaiga la economía, podemos respirar y saber que Él vive y está sentado en su trono, a cargo de todo, sin importar cuán oscuro se ponga todo.

Ninguna situación, por extrema que sea, está fuera del alcance de Dios para que Él la lleve a buen término. El Dios que ese día convirtió la muerte en vida es el que *cada* día "hace de las tinieblas mañana" (Am. 4:13).

De modo que sin importar lo que depare el día, la esperanza nunca muere.

En Cristo, la esperanza es siempre viva.

2. La resurrección significa que Dios siempre cumple sus promesas.

La resurrección solo fue una sorpresa porque las personas no creyeron lo que Jesús les había anunciado de antemano. ¿Cuántas profecías había acerca de lo que sucedería con la venida del Mesías? ¿Y cuántas veces había Jesús anunciado a sus discípulos que iba a "padecer" y "ser desechado", que iba a "ser muerto" *y "resucitar"* (Lc. 9:22)? Aunque lo repitió una y otra vez, ellos no escucharon ni creyeron. Como resultado, experimentaron estrés, ansiedad y temor innecesarios.

¿Cuán diferente sería nuestra vida si realmente nos aferráramos a las promesas de Dios, si creyéramos que Él habla en serio? La resurrección es el rotundo *amén* a cada promesa que Dios ha hecho.

3. La resurrección significa que ya no debemos temer a la muerte.

Nadie espera con ansias la muerte. Nadie se alegra cuando la muerte nos separa de nuestros seres queridos. Sin embargo, Jesús prometió con compasión a su afligida amiga: "Yo soy la resurrección y la vida; el que cree en mí, aunque esté muerto, vivirá" (Jn. 11:25-26). Así que, aunque la muerte en esta tierra sea inevitable, y además dolorosa, no tiene por qué aterrorizarnos, porque la resurrección nos recuerda que la muerte no es el fin, que nuestras separaciones y pérdidas son pasajeras.

Tal vez tú o un ser querido sufren una enfermedad terminal. Hazte la pregunta: Si Jesús es la Resurrección y la Vida, ¿qué tengo que temer? ¿Qué es lo peor que puede pasarme? ¿La muerte? ¡La resurrección de Jesús nos asegura que Él ha dado muerte a la muerte!

4. La resurrección garantiza nuestra propia resurrección corporal.

Phillips Brooks, pastor del siglo XIX, escribió una vez: "No digamos solamente 'Cristo ha resucitado', sino *'yo resucitaré'*".[39] Tú y yo somos participantes activos en la historia de la resurrección. El apóstol Pablo escribió: "Dios, que levantó al Señor, también a nosotros nos levantará con su poder" (1 Co. 6:14). La resurrección física de Jesús es una garantía de nuestra propia resurrección futura, cuando Dios "transformará el cuerpo de la humillación nuestra, para que sea semejante al cuerpo de la gloria suya" (Fil. 3:21).

5. La resurrección significa que Dios, habiendo aceptado la obra de Cristo, también nos acepta a nosotros.

¿Recuerdas que "consumado es"? La resurrección fue la prueba de que Dios había aceptado el pago que hizo Cristo en la cruz por el pecado, que su ira justa contra los pecadores fue satisfecha y que aprueba por completo la muerte de Cristo. Ya que fuimos unidos a Cristo en su muerte (Ro. 6:3) y que Dios "juntamente con él nos resucitó, y asimismo nos hizo sentar en los lugares celestiales" (Ef. 2:6), tenemos la certeza de que ahora somos aceptos por completo delante de Él. Nuestra culpa fue quitada en su totalidad, la justicia de Jesús nos fue imputada y Dios nos acepta y aprueba del mismo modo que aprueba a Cristo.

La cruz de Cristo ocupa un lugar central en la historia del evangelio. Fue el acto supremo de amor sacrificado en la historia de la humanidad. Y la resurrección de Jesús completa esa historia de manera triunfal.

6. La resurrección significa que fue vencido el poder del pecado.

¿Te cuesta romper hábitos y comportamientos pecaminosos? Dado que somos personas caídas, en esta vida todavía es posible que pequemos. Sin embargo, la vida que se vive por la fe en el Cristo resucitado significa que no *tenemos* que pecar. Así lo expresa Romanos 6: "como Cristo resucitó de los muertos por la gloria del Padre, así también nosotros andemos en vida nueva" (v. 4).. Los que fuimos unidos a Jesús en su muerte también fuimos unidos a Él "[en la semejanza] de su resurrección" (v. 5). Eso significa que debemos considerarnos "muertos al pecado, pero vivos para Dios en Cristo Jesús" (v. 11). Significa que ya no tenemos que ceder al pecado, que podemos negarnos a los deseos pecaminosos (ver v. 12).

En otras palabras, el pecado no tiene que dominarnos más. La resurrección ha cambiado todas esas reglas.

7. La resurrección significa que tenemos poder a nuestra disposición.

No celebres este año la Pascua como lo has hecho en el pasado. Es más, no vivas este *año* como los años pasados. No te conformes con reflexionar en una fecha antigua que aparece cada año en el calendario. Jesús salió de esa tumba para cambiar la manera en que vivimos *cada* día. El mismo poder con que Dios lo levantó de los muertos está a nuestra disposición (Ef. 1:18-21), el poder para obedecer, para vencer la tentación, para amar y perdonar, para enfrentar cada desafío con gracia, con confianza y en paz.

El poder para vivir esta vida resucitada, para que cada día sea el día de Pascua.

¿Cómo podría cambiar tu perspectiva de la vida si tuvieras presente cada día la resurrección de Cristo?

¿Enfrentas algún desafío que excede el poder de la resurrección de Cristo? ¿Qué significa para ti andar en el poder de su resurrección?

¡Te alabo, Padre, por la resurrección! Su realidad lo cambia todo. No solo nos redimiste en Cristo, sino que también nos resucitaste juntamente con Él. Ayúdame a vivir cada día por tu poder, andando en la plenitud de la vida resucitada de Jesús.

AMÉN.

Día 44

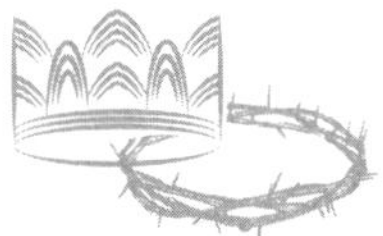

Múltiples resurrecciones

Los milagros del Calvario, Parte 2

Se abrieron los sepulcros, y muchos cuerpos de santos que habían dormido, se levantaron.

—MATEO 27:52

¿Quisieras a veces conocer más detalles de algunos sucesos bíblicos que las Escrituras solo mencionan brevemente? Mateo 27:52 relata uno de esos eventos que despiertan mi curiosidad.

Este breve versículo nos cuenta que las personas cuyos sepulcros quedaron abiertos después del terremoto que acompañó la crucifixión de Cristo, empezaron de repente a aparecerse en la ciudad. Se aparecieron en persona. Vivos.

No puedo evitar preguntarme por qué una historia tan asombrosa recibe tan poca atención en el relato. Lo único que encontramos es un informe sucinto en una frase: "saliendo de los sepulcros, después de la resurrección de él, vinieron a la santa ciudad, y aparecieron a muchos" (Mt. 27:53).

¿Muertos que salen de los sepulcros y recorren la ciudad? ¡Definitivamente un momento tan prodigioso exige mayor explicación!

Sin embargo, ciñámonos a lo que nos dicta el relato bíblico. La Biblia dice que eran "santos", probablemente creyentes del Antiguo Testamento que murieron esperando y confiando en la obra redentora de Jesús el Mesías. Después de salir de sus tumbas, ellos "aparecieron" físicamente a otros, muy probablemente otros creyentes, tal y como hizo Jesús después de su propia resurrección (1 Co. 15:4-7). De modo que ahí hay *poder* en acción. El poder de Dios. Los terremotos que abrieron esos sepulcros no fueron temblores comunes. Claramente reflejaban la sacudida espiritual de la crucifixión.

No obstante, más allá de la evidencia extraordinaria del poder de Dios, también vemos señales de su *provisión*. Al multiplicar la evidencia de lo que representa la resurrección, Él dio a los seguidores de Cristo justamente lo que ellos sabían que iban a necesitar en los días subsiguientes, lo cual evidencia el amor y cuidado divino hacia ellos.

Intenta ponerte en el lugar de esos primeros creyentes en los días posteriores a la resurrección. Ellos se habían aliado con un carpintero crucificado que ahora estaba, por increíble que fuera, vivo. Se habían separado de la principal corriente judía religiosa. En breve, su creencia en Jesús iba a ser probada y el sufrimiento que iban a experimentar por causa de Él pasaría de ser feroz a resultar fatal.

Imagina cómo el haber visto a esos santos resucitados debió reafirmar su fe, infundirles esperanza y recordarles que

- La muerte de Cristo puso fin verdaderamente a la muerte.
- Cristo era (y es), en efecto, la resurrección y la vida.
- Cristo era (es) las "primicias de los que durmieron" (1 Co. 15:20).
- Cada persona que muere en Cristo resucitará con Él, dejará de estar muerto para vivir con Él para siempre.

La comunidad primitiva de creyentes necesitaba este estímulo visible y tangible de tener contacto con los santos resucitados como una preparación para los desafíos de la fe que les esperaban. En cualquier momento futuro, cuando escasearan sus reservas espirituales, ellos podrían traer a la memoria aquellas interacciones con los que en verdad pasaron de muerte a vida.

Los discípulos lo necesitaban. Dios sabía que lo necesitaban. Y Dios les dio lo que necesitaban.

Hasta el día de hoy, y siempre, Dios provee lo que su pueblo necesita. Y Él te dará a ti y me dará a mí exactamente lo que Él sabe que necesitamos, a fin de prepararnos para cada prueba de nuestra fe que nos depare el futuro.

Permíteme sugerir otra importante lección de este relato del Evangelio de Mateo que puede animarnos: *perspectiva.*

Los soldados que fueron testigos del terremoto y de las otras maravillas que ocurrieron en el momento de la crucifixión, "temieron en gran manera" (Mt. 27:54). Sin duda, lo mismo pasó con los que se encontraron a aquellos santos recién resucitados. Para las personas que vivieron esos acontecimientos históricos todo fue novedoso y asombroso.

La historia milagrosa de Dios se sigue escribiendo hoy en nosotros y en aquellos a nuestro alrededor que cobran vida por el poder del Cristo resucitado.

Sin embargo, me impresiona con cuánta facilidad perdemos nuestro sentido de asombro frente a lo que ocurrió en ese fin de semana histórico. ¿Es posible que las grandes obras redentoras de Dios se hayan convertido en algo demasiado consabido y distante a nuestro modo de ver y percibir? ¿Hemos perdido confianza en lo que Él puede hacer y en lo que Él todavía hace hoy?

El poder con que Dios mueve cielo y tierra despierta a los que están muertos espiritualmente, les da vida, les otorga el perdón y cambia por completo la trayectoria de vidas humanas no es menos prodigioso que un terremoto que saca de los sepulcros a unos santos como preludio de la resurrección de Jesús.

Así lo expresó Charles Spurgeon:

> Los primeros milagros que estuvieron vinculados con la muerte de Cristo fueron un prototipo de los prodigios espirituales que iban a continuar hasta su Segunda Venida: los corazones de piedra se abren, los sepulcros de pecado quedan expuestos, aquellos que estaban muertos en

> transgresiones y pecados y sepultados en lujurias y maldades empiezan a moverse y salen de entre los muertos.[40]

Alabado sea Dios porque la historia de la resurrección no se limita a un momento histórico. La historia milagrosa de Dios se sigue escribiendo hoy en nosotros y en aquellos a nuestro alrededor que cobran vida por el poder del Cristo resucitado. Abrir nuestros ojos y nuestros corazones a esa realidad puede avivar nuestra fe y renovar nuestro gozo.

He aquí una lección final de este cautivante fragmento de las Escrituras: No solo nos recuerda el *poder* de Dios, su *provisión* y su don de una nueva *perspectiva,* sino que también ofrece una *promesa* de milagros de resurrección que están por suceder. Cuando pienso en amigos y en seres queridos que han muerto en el Señor, me llena de gozo saber que sus almas están ahora en su presencia. Y ese día, el gran Día de la Resurrección, sus cuerpos físicos van a resucitar y ser glorificados. En aquel día, tú y yo también seremos resucitados para vivir para siempre con nuestro Cristo resucitado.

¡Qué maravilla! Y qué victoria será.

¿De qué manera el relato de los santos que resucitan tras la crucifixión de Cristo fortalece y aviva tu fe?

¿Cómo has experimentado la realidad de que "Él nos da lo que necesitamos"? ¿Alguna vez te ha sorprendido la manera en que Él ha provisto para tus necesidades?

Padre celestial, te agradezco porque tú sabes lo que necesitamos y lo suples. Gracias porque tú sigues dando vida a las almas muertas. Gracias por la promesa de que un día mi cuerpo mortal resucitará en gloria para nunca volver a morir. Y, entre tanto, te doy gracias por el regalo de la esperanza diaria mediante la vida resucitada de Jesús que obra en mi interior.

AMÉN.

Día 45

¿Por qué esperar?

El ministerio de los cuarenta días

Se presentó vivo con muchas pruebas indubitables,
apareciéndoseles durante cuarenta días.

—HECHOS 1:3

Treinta y tres años es mucho tiempo para estar lejos de casa.

Imagina cuánto ansiaba Jesús regresar al cielo de donde había venido, volver al Padre que lo amaba. Su obra en la tierra había terminado: una vida perfecta, una muerte profética, una resurrección sin precedentes. ¿Qué podía quedarle por hacer? ¿Por qué debía esperar en este mundo miserable todavía un poco más?

Pero Jesús esperó.

Tardó en su partida de la tierra no solo el tiempo suficiente para despedirse, sino un intervalo que se prolongó cuarenta días. Poco menos de seis semanas que pueden parecer una eternidad cuando se anhela algo que ya se había esperado por tantos años.

Esta es una razón más por la que nuestro Jesús es incomparable y por la que quiero que pasemos otros días juntos cuando ya muchos han concluido su celebración de Pascua. Porque esta extraordinaria historia de la Palabra hecha carne continúa más allá de la cruz y de la resurrección.

Cuarenta días. Ya hemos oído esa cifra antes en la historia bíblica. Recuerda el diluvio de Noé. Recuerda el tiempo que pasó Moisés en el monte Sinaí y la tentación de Jesús en el desierto. La repetición de ese lapso de tiempo nos revela su importancia. Revela que la tardanza de Jesús en regresar a casa no fue un simple cambio de planes inesperado de último minuto, sino parte del itinerario de Jesús que fue divinamente planeado de antemano.

Sin embargo, nos preguntamos ¿por qué? ¿Por qué no resucitó y ascendió al cielo de inmediato?

Bueno, obviamente Jesús se quedó porque esa era la voluntad del Padre. El Hijo siempre hace lo que dice el Padre. Con todo, Jesús no se quedó simplemente cruzado de brazos durante esos cuarenta días. Su actividad en ese lapso de tiempo no solo animó a los seguidores del primer siglo, sino que sigue siendo una bendición para nosotros hasta hoy.

Recuerda que los discípulos estaban posiblemente confundidos y abrumados emocionalmente, en primer lugar, por la muerte y sepultura de su Líder y Amigo más amado y, en segundo lugar, por los informes acerca de su resurrección. Los primeros versículos de Hechos revelan que Jesús usó ese breve período para reorientar y cuidar de sus seguidores, y lo hizo al menos de dos maneras.

1. Jesús presentó "muchas pruebas indubitables" (Hch. 1:3).

Jesús iba a dejarlos en breve y el futuro entero de su misión dependería de que sus seguidores tuvieran la certeza de que Él había vencido la muerte. ¡Si ellos iban a convencer a otros tenían que estar convencidos ellos mismos! Por ello se presentó a ellos con evidencia irrefutable, a través de varias apariciones físicas que servían para fortalecer su fe. Ellos vieron el cuerpo glorificado de Jesús. Lo tocaron. Comieron y hablaron con Él. La evidencia fue indubitable y convincente, de modo que nunca volvieran a dudar.

El relato de Lucas en Hechos nos dice que Él se mostró a ellos "después de haber padecido" (v. 3), lo cual es un recordatorio de que el sufrimiento y la muerte no tienen la última palabra. Ellos también iban a sufrir, porque Jesús los había llamado a tomar su cruz y seguirle (Mt. 16:24). Lo peor que podía pasarles sería la muerte, pero Jesús estaba allí delante de ellos como evidencia de que hay vida después de la muerte.

Es importante señalar que la evidencia que presentó Jesús no fue solo para esa primera generación de discípulos, sino también para futuras generaciones de escépticos y creyentes por igual. Hasta el día de hoy, los relatos de los testigos presenciales de la resurrección permanecen irrefutables.

2. Jesús preparó a sus seguidores para lo que les esperaba después de su partida.

Lo hizo, en primer lugar, *enseñándoles.* Hechos 1 nos dice: "después de haber dado mandamientos por el Espíritu Santo a los apóstoles que había escogido... hablándoles acerca del reino de Dios" (vv. 2-3). Fue lo que Jesús ya les había expuesto antes en profundidad, pero que ellos no habían logrado entender o asimilar completamente. El hecho de que el Señor resucitado les enseñara, sin duda les ayudó a comprender esta vez.

Observa que Jesús se propuso señalar a sus seguidores las Escrituras para cada cosa que necesitaban saber. Cuando encontró a dos de ellos de camino a Emaús, "comenzando desde Moisés, y siguiendo por todos los profetas, les declaraba en todas las Escrituras lo que de él decían" (Lc. 24:27). Más tarde ese mismo día, cuando se apareció a un grupo de discípulos, "les abrió el entendimiento, para que comprendiesen las Escrituras" (v. 45).

No podemos ver a Cristo físicamente. Sin embargo, es un regalo inestimable tener la misma Palabra a nuestra disposición y el mismo Espíritu Santo que ilumina nuestro entendimiento y nos enseña lo que necesitamos saber.

Jesús también preparó a sus seguidores al *confirmar y aclarar su llamado y su misión.* Ellos no debían quedarse de brazos cruzados después de su partida, recordando los buenos tiempos y disfrutando de las bendiciones de su relación con Él. No. Él tenía un trabajo para ellos: "Como me envió el Padre, así también yo os envío" (Jn. 20:21), "haced discípulos a todas las naciones" (Mt. 28:19). Como "testigos" (Lc. 24:48) de su vida, muerte y resurrección, debían proclamar el mensaje de "arrepentimiento y el perdón de pecados" en todas las naciones (v. 47).

Jesús nos ha encomendado la misma misión y el mismo mensaje. Él va a regresar como prometió. Y nos pedirá cuentas de la manera en que llevamos a cabo nuestro mandato entre tanto que Él vuelve.

Por último, durante esos cuarenta días posteriores a la resurrección, Jesús preparó a sus discípulos para el futuro *al garantizarles su provisión.* El gobierno romano era grande y poderoso. ¿Cómo iban ellos a cumplir esa misión de proclamar su reino?

En las horas finales antes de su crucifixión, Jesús prometió a sus discípulos que el Padre iba a enviarles un "Consolador" después de regresar al cielo (Jn. 14:26). Ahora les recordaba su promesa: "recibiréis poder, cuando haya venido sobre vosotros el Espíritu Santo, y me seréis testigos" (Hch. 1:8).

La venida del Espíritu, el Guía que iba a darles poder, animarlos y aconsejarlos, era la evidencia de que Jesús siempre iba a estar con ellos, así como está con nosotros. Cristo nos ha provisto cada recurso que necesitamos para llevar a cabo nuestra misión en este mundo por medio de su Espíritu Santo y de su presencia en y entre nosotros. ¿Qué más podemos pedir?

Jesús pudo haber regresado al Padre y dejado a sus seguidores a que intentaran resolver todo por cuenta propia. En lugar de eso, a Jesús le importó más el bien de ellos (y el nuestro) que su propio bien. A Él le importó más prepararlos para el futuro que regresar al cielo. A Él le importó más completar la agenda de su Padre que apresurarse a regresar a casa para celebrar su victoria.

Así que esperó, y ¡cuán agradecidos debemos estar porque así fue!

¿Recuerdas una o dos bendiciones de los últimos cuarenta días de Jesús sobre la tierra que inspiran en ti una gratitud especial?

¿A veces te impacienta saborear desde ya la gloria que te espera en el cielo? ¿Cómo puede el ejemplo de Jesús animarte a esperar?

Gracias, Padre, porque Jesús esperó aquí en la tierra esos cuarenta días durante los cuales animó, equipó y preparó a sus discípulos, y de paso a nosotros, para llevar el evangelio al mundo. Que seamos fieles a nuestra misión, como Él fue fiel a la suya, hasta que llegue el tiempo en que decidas llevarnos a casa.

AMÉN.

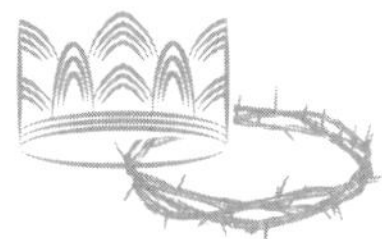

Día 46

Regreso a casa

La ascensión de Cristo

¿Pues qué, si viereis al Hijo del Hombre
subir adonde estaba primero?
—JUAN 6:62

Una nota al pie de página. Un epílogo. Un pequeño colofón interesante para complementar la historia principal. Esa es la idea que tienen muchos de la ascensión de Jesús al cielo.

Sin embargo, tal y como anunció su muerte y resurrección, Jesús dijo claramente lo que iba a venir en seguida. A sus discípulos había dicho: "un poco de tiempo estaré con vosotros" (Jn. 7:33). En breve iba a partir y, no solo eso, sino que iba a regresar a casa: "Salí del Padre, y he venido al mundo; otra vez dejo el mundo, y voy al Padre" (Jn. 16:28).

En otras palabras, la ascensión era parte del plan. No se trató de algún recurso teatral o una solución ingeniosa para resolver su salida del escenario. Tampoco fue un accidente menor en el calendario de la salvación. Fue un suceso vital y esencial de la fe cristiana con repercusiones trascendentales para nuestras vidas como creyentes.

Considera la alternativa. ¿Qué habría sucedido si Jesús hubiera desaparecido? ¿Qué habría sucedido si sus discípulos hubieran salido a buscarlo un día y no lo encontraran por ninguna parte? ¿En qué quedaría la confianza que con tanto esfuerzo Él había formado en sus seguidores si lo único que hubieran tenido para decir de su Señor resucitado es que había desaparecido?

Nada de eso. La ascensión tenía que suceder exactamente de la manera en que sucedió.

En primer lugar, *tenía que ser visible*: "viéndolo ellos, fue alzado", nos dice Hechos 1:9. Hubo testigos oculares que lo vieron subir al cielo físicamente. Sí, el acontecimiento fue alucinante e inesperado, pero inolvidable. Los discípulos iban a recordar para siempre el día en que Él "los sacó fuera hasta Betania" y "se separó de ellos" (Lc. 24:50-51).

Además de eso, *la salida de Jesús del mundo tenía que ser física*. Él vino a la tierra en un cuerpo humano. Ahora salía de la tierra en un cuerpo humano. El ministerio que llevó a cabo mientras anduvo físicamente por este mundo había concluido, y la ascensión marcaba su partida de una manera espectacular. Las personas que lo vieron partir vieron al Jesús que conocieron desde siempre.

La gloriosa ascensión física de Jesús a su Padre celestial viene acompañada de la promesa de su regreso visible y corporal, cuando nos recogerá para llevarnos allí donde se ha ido, a un cielo físico y a un Dios personal.

He aquí un hecho importante que suele pasarse por alto: *Jesús no se esfumó ni desapareció cuando ascendió al cielo*. Él no mudó su cuerpo físico ni dejó de ser un hombre. No. Él se mantuvo como un ser encarnado. Él continuó su ministerio eterno desde el cielo conservando su cuerpo humano, un cuerpo glorificado, pero a la vez reconocible y humano.

En la víspera de su crucifixión, Jesús había orado al Padre: "Yo te he glorificado en la tierra; he acabado la obra que me diste que hiciese. Ahora pues, Padre, glorifícame tú al lado tuyo, con aquella gloria que tuve contigo antes que el mundo fuese" (Jn. 17:4-5). Y la manera en que partió de este mundo demostró que su oración fue respondida.

En Hechos 1:9 leemos que mientras ascendía "le recibió una nube que le ocultó de sus ojos". Es un detalle importante porque en las Escrituras las nubes simbolizan la presencia y la gloria de Dios. ¿Recuerdas la nube que descendió sobre el monte Sinaí cuando Dios dio los diez mandamientos (Éx. 19:16)? ¿Recuerdas la "columna de fuego" que guio a los israelitas en sus viajes (Éx. 13:21), los protegió de los soldados egipcios en el Mar Rojo (Éx. 14:19) y se cernía sobre el tabernáculo donde adoraban en el desierto (Nm. 9:15)? La nube que recibió al Hijo en su ascensión indicaba que Él era transportado a la presencia de su Padre, no a algún portal desconocido donde iba a desaparecer para siempre.

De hecho, dos ángeles aparecieron de repente junto al grupo de seguidores de Cristo que lo vieron ascender y les recordaron que ese no era el fin de la historia:

> ... ¿por qué estáis mirando al cielo? Este mismo Jesús, que ha sido tomado de vosotros al cielo, así vendrá como le habéis visto ir al cielo (Hch. 1:11).

Esa palabra es también para nosotros, ahora que reflexionamos en lo que sucedió ese día. La gloriosa ascensión física de Jesús a su Padre celestial viene acompañada de la promesa de su regreso visible y corporal, cuando nos recogerá para llevarnos allí donde se ha ido, a un cielo físico y a un Dios personal. Por su gracia, tenemos la garantía de que apareceremos en su presencia en cuerpos nuevos y glorificados. No solo su muerte y resurrección prepararon la senda redentora que nos guía allí, sino también su regreso al cielo.

La ascensión de Cristo tiene como propósito infundirnos confianza y valor. No considerarla un componente clave de nuestra fe nos impide experimentar plenamente el propósito, la promesa y las bendiciones de su encarnación.

El relato de la ascensión del Evangelio de Lucas incluye un detalle adicional que no quiero que te pierdas. Leímos que cuando llegó al lugar donde iba a dejarlos, Jesús levantó sus manos y "*los bendijo*. Y aconteció que bendiciéndolos, se separó de ellos, y fue llevado arriba al cielo" (Lc. 24:50-51). Jesús bendijo a sus seguidores cuando estuvo en la tierra. Ahora, en su partida, volvió a bendecirlos. (En el siguiente mensaje devocional veremos que todavía los bendice, incluso a nosotros hoy, en el cielo).

El Evangelio de Lucas termina diciendo que los discípulos "volvieron a Jerusalén con gran gozo; y estaban siempre en el templo, alabando y *bendiciendo a Dios*" (vv. 52-53). La última bendición terrenal de Jesús les permitió sobreponerse a la tristeza que les producía la inminente partida de su Amigo. Los llenó de gozo y no pudieron evitar responder con bendición.

En verdad, la ascensión está acompañada de bendiciones abundantes por la eternidad. Bendiciones de nuestro Salvador resucitado para nosotros y también de nuestros corazones que responden a Él con bendición.

¿Qué significa para ti que Jesús en el cielo conserva un cuerpo humano como el tuyo? ¿Qué te revela eso acerca de tu cuerpo?

¿De qué forma la ascensión de Jesús al cielo te infunde esperanza y seguridad acerca de tu futuro?

Padre, tú llevas todo a buen término. Nada dejas inconcluso. Tu gran obra redentora no es una fase pasajera de la vida de tu Hijo, sino una línea ininterrumpida que se extiende hasta la eternidad. Que la maravilla de la ascensión llene nuestros corazones de esperanza y gozo mientras esperamos su regreso a la tierra cuando llevarás a los tuyos a vivir contigo en el cielo para siempre.

AMÉN.

Día 47

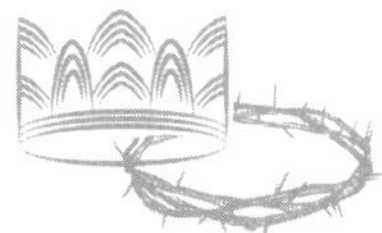

Sentados con Él

La exaltación de Cristo

Se humilló a sí mismo, haciéndose obediente hasta la muerte, y muerte de cruz. Por lo cual Dios también le exaltó hasta lo sumo, y le dio un nombre que es sobre todo nombre.

—FILIPENSES 2:8-9

El bello lenguaje de estos dos versículos de Filipenses deja ver un ángulo ligeramente distinto del momento en que Jesús transfirió su centro operativo del cielo a la tierra. La ascensión traza una fluida línea divisoria en este pasaje. En algún lugar en las nubes, encima de las colinas de Judea, la humillación que experimentó el Hijo de Dios cuando eligió caminar entre nosotros en la tierra y morir en una cruz dio paso a la exaltación suprema que experimenta ahora y por toda la eternidad.

Sin embargo, ¿qué ocurrió tan pronto desapareció entre las nubes, lejos de la vista de los discípulos que se quedaron en aquella ladera? Varios pasajes de las Escrituras nos permiten disfrutar atisbos de sucesos posteriores a su llegada al cielo como el Cristo exaltado que regresa.

En primer lugar, las Escrituras nos dicen que *Él "se sentó a la diestra de la Majestad en las alturas"* (He. 1:3). Tal es la posición de un héroe conquistador que descansa seguro en la obra que logró. Ahora bien, no debemos confundir el hecho de que está sentado con una actitud sedentaria. Jesús permaneció (y permanece) activo desde su trono. Cabe aclarar que la totalidad y la certeza de su reinado, si bien aguardan su manifestación plena al final de los tiempos, le dan derecho a tomar su lugar sentado a la diestra del Padre, donde vive y sirve hoy.

Se trata aquí de algo más que un dato teológico interesante. Es una realidad fundamental para nuestra vida aquí en la tierra. Como verás, las Escrituras nos llaman a identificarnos con Jesús en cada aspecto de su obra redentora.

En lo que concierne a la crucifixión, por ejemplo, nos dicen: "fuimos plantados juntamente con él en la semejanza de su muerte... nuestro viejo hombre fue crucificado juntamente con él" (Ro. 6:5-6). Pero no solo fuimos crucificados con Él. También estamos "juntamente con él en la semejanza de su resurrección" (v. 5). Podemos "[considerarnos] muertos al pecado, pero vivos para Dios en Cristo Jesús" (v. 11). Crucificados con Él, vivos en Él.

Aparte de eso, *también estamos juntamente con Él en su lugar de exaltación a la diestra del Padre.* Efesios 2 dice que Dios "nos hizo sentar en los lugares celestiales con Cristo Jesús" (v. 6). Piensa nada más en eso. En términos de nuestra posición, tú y yo estamos ahora mismo sentados juntamente con Cristo. Así que cuando empezamos nuestro día, sin importar las tentaciones o desafíos que nos esperan, no combatimos desde un punto de derrota y déficit. Cuando la vida aquí en la tierra parece abrumadora, recordemos dónde estamos sentados. Con Cristo. En el cielo. Victoriosos por la victoria que Él ya ganó.

Así que el Cristo crucificado y resucitado está sentado junto al Padre en el cielo. Nosotros, por la fe, estamos sentados allí con Él. Y eso no es todo. Veamos lo que sucedió después que Jesús ascendió y tomó su lugar en el trono. *Recibió gloria, honra y autoridad.* "A él están sujetos ángeles, autoridades y potestades" (1 P. 3:22). De hecho, el Padre "lo dio por cabeza sobre todas las cosas a la iglesia" (Ef. 1:22). ¡Por cabeza sobre todas las cosas! Y Jesús en su misericordia nos permite igualmente ser partícipes de ese aspecto de su reino.

Estar "en Cristo" significa que Él nos ha dado el derecho como creyentes, que se expresa en estas palabras: "le daré que se siente conmigo en mi trono, así como yo he vencido, y me he sentado con mi Padre en su trono" (Ap. 3:21). Como representantes suyos aquí en la tierra, nosotros participamos de la autoridad que le fue asignada. Peleamos la guerra espiritual desde esa posición. Y, en el siglo venidero, participaremos de esa posición más plenamente cuando reinemos y gobernemos con Él sobre la creación, sobre los ángeles y sobre las naciones. Reinaremos con Aquel que reina para siempre.

Como si eso no fuera suficiente, ¡aún hay más! Para ayudarnos a llevar a la práctica esa posición elevada, *el Cristo que ascendió nos ha dado el don del Espíritu Santo.* Como explicó Pedro a las multitudes desconcertadas en Pentecostés: "[Jesús], exaltado por la diestra de Dios, y habiendo recibido del Padre la promesa del Espíritu Santo, ha derramado esto que vosotros veis y oís" (Hch. 2:33). ¡Eso habría sido imposible si Jesús no hubiera ascendido! Si Jesús no hubiera sido exaltado en gloria, nosotros no podríamos experimentar su vida, su corazón, su poder en nosotros.

El Cristo crucificado y resucitado está sentado junto al Padre en el cielo. Nosotros, por la fe, estamos sentados allí con Él.

Cuando dejó la tierra, la Biblia dice que Jesús "llevó cautiva la cautividad" (Ef. 4:8). En la cruz venció a sus enemigos; a Satanás, a los demonios, la muerte y todas las fuerzas de maldad. Luego, como un comandante militar que regresa triunfal con el botín de guerra, "dio dones" (v. 8) a su pueblo, a los pecadores que ha rescatado del control de Satanás.

Esos regalos tienen como finalidad equipar a su Iglesia para que lleve a cabo su misión redentora constante en el mundo. Los dones incluyen el don personal de su Espíritu para animarnos y aconsejarnos, los abundantes dones de su Espíritu para poner a su servicio, además de los ministros con dones específicos para servir a la iglesia (ver Ef. 4:11).

Como resultado, todo lo concerniente a nuestra vida ahora en la tierra ha cambiado. Todo es mejor porque Jesús ha regresado a casa para ser exaltado por el Padre. En virtud de nuestra unión con Él, hemos resucitado y estamos sentados con Él, sirviéndolo y cumpliendo los propósitos de su reino en nuestro mundo, por medio del

Espíritu Santo que nos capacita y obra poderosamente en y a través de nosotros.

Alabado sea nuestro Cristo que resucitó y ascendió y de quien fluyen todas las bendiciones.

¿Qué significa para ti como seguidor de Cristo saber que has resucitado y estás sentado con Él en el cielo?

¿De qué manera la posición de exaltación de Cristo en el cielo te faculta y capacita para servirle a Él y a otros en este mundo?

Señor Jesús, tú viniste aquí para salvarnos, pero también te has ido para bendecirnos y para recibir la adoración que mereces como el Rey glorioso y eterno. Me maravilla que has asegurado mi redención, que estoy sentado contigo en el cielo y que me has dado todo lo que necesito para servirte aquí en la tierra, hasta que pueda ver con mis ojos lo que he creído y esté contigo en cuerpo, alma y espíritu en ese lugar santo. Te exalto y bendigo tu nombre hoy y siempre.

AMÉN.

Día 48

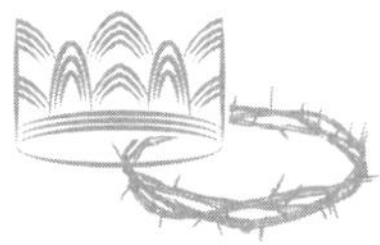

Un sacerdocio inmutable

La obra continua de Cristo, Parte 1

Por cuanto permanece para siempre,
tiene un sacerdocio inmutable.

—HEBREOS 7:24

Seamos francos: el cambio es una realidad en la vida. Y a la mayoría de nosotros, a decir verdad, nos desagrada el cambio, especialmente cuando no ocurre por nuestra propia decisión. Si pudiéramos sentarnos frente a frente, seguramente recordaríamos sin dificultad los cambios drásticos que nuestro mundo ha soportado en los años recientes y cuán difícil ha sido manejar esa situación. También podríamos hablar acerca del cambio indeseado en áreas más personales de nuestra vida como la salud, el trabajo, las finanzas y la familia.

Nuestro Padre sabe todo eso. Él conoce la carga de estrés que llevamos por causa de la incertidumbre que nunca deja de asecharnos para confundirnos, abrumarnos y contrariarnos. En su misericordia y amor, el Padre decide aliviar nuestra carga no eliminando el cambio de nuestra vida, sino dándonos a Jesús como *nuestra constante inmutable*: "el mismo ayer, y hoy, y por los siglos" (He. 13:8).

Jesús es nuestra ancla fija en un mundo en cambio constante. Podemos considerar esto principalmente en términos de su presencia cuando estuvo aquí en la tierra, puesto que sabemos que Él murió en la cruz, resucitó del sepulcro y ascendió al cielo. También sabemos que prometió regresar un día futuro y llevarnos para estar con Él. Pero ¿qué está haciendo entre tanto? ¿Cómo se manifiesta ahora mismo su presencia y su ayuda constantes en nuestra vida?

Tristemente, muchos cristianos viven sin reconocer conscientemente su dependencia de un Salvador vivo y activo. Eso significa que están perdiéndose de un recurso extraordinario. En esta lectura y en la siguiente, quiero invitarte a que meditemos en la manera en que Jesús nos sirve y nos bendice hoy y cada día en su papel como nuestro Sumo Sacerdote fiel y eterno.

En tiempos del Antiguo Testamento, el sumo sacerdote desempeñaba dos papeles vitales en nombre de los creyentes: el servicio *a* Dios y el servicio *de parte de* Dios. Cuando llevaba la sangre del sacrificio de un animal al lugar santísimo, el lugar más santo en el templo donde moraba la presencia de Yahvé, el sumo sacerdote representaba al pueblo delante de Dios para lograr la expiación de sus pecados. Luego, cuando salía de ese santuario y Dios aceptaba el sacrificio, el sacerdote representaba a Dios delante del pueblo para comunicarle el perdón divino, la paz y la bendición.

Sin embargo, por santo y poderoso que fuera ese servicio, el ministerio del sumo sacerdote era por naturaleza limitado. A pesar de que llevaba los pecados del pueblo, también llevaba la culpa de sus propios pecados. Además, solo podía servir un número limitado de años, según su longevidad. Al igual que aquellos a quienes servía, el sacerdote envejecía y al final moría. Aunque llevara a cabo sus deberes fielmente, al final suponía otro cambio indeseado en la vida de las personas.

Jesús es diferente. Jesús nunca es limitado. Él resolvió todos y cada uno de los desperfectos y debilidades inevitables del sistema sacerdotal entrando "en el cielo mismo para presentarse ahora por nosotros ante Dios" (He. 9:24). Como nos promete Hebreos 7:26-28:

> Porque tal sumo sacerdote nos convenía: santo, inocente, sin mancha, apartado de los pecadores, y hecho más sublime que los cielos; que no tiene necesidad cada día, como aquellos sumos sacerdotes, de ofrecer primero sacrificios por sus

> propios pecados, y luego por los del pueblo; porque esto lo hizo una vez para siempre, ofreciéndose a sí mismo. Porque la ley constituye sumos sacerdotes a débiles hombres; pero la palabra del juramento, posterior a la ley, al Hijo, hecho perfecto para siempre.

Jesús es nuestra ancla fija en un mundo en cambio constante.

Así que Jesús no solo murió por nosotros, convirtiéndose en el sacrificio suficiente por nuestros pecados. En su ascensión también llevó esa ofrenda hasta el verdadero lugar santísimo en el cielo (He. 9:24). Él presentó al Padre su vida pura y santa, y la sangre que derramó por nuestro pecado en el Calvario, poniendo fin para siempre la necesidad de que alguien más tenga que llevar a cabo ese servicio a favor del pueblo.

> Y no para ofrecerse muchas veces, como entra el sumo sacerdote en el Lugar Santísimo cada año con sangre ajena. De otra manera le hubiera sido necesario padecer muchas veces desde el principio del mundo; pero ahora, en la consumación de los siglos, se presentó una vez para siempre por el sacrificio de sí mismo para quitar de en medio el pecado (He. 9:25-26).

Jesús lo hizo. Consumado es.

Para siempre. Eso jamás va a cambiar.

Que el mundo siga sorprendiéndonos cada mañana con sus cambios súbitos en el mercado bursátil, con oleajes impredecibles de infecciones contagiosas, con nuevos temas políticos candentes y controversias electorales, con desarrollos tecnológicos que a pesar de sus beneficios pueden también complicar y dificultar nuestra vida. La constante del cambio es una realidad inevitable con la que todos debemos vivir. Sin embargo, podemos encontrar consuelo y estabilidad en esta realidad:

> Por tanto, teniendo un gran sumo sacerdote que traspasó los cielos, Jesús el Hijo de Dios, retengamos nuestra profesión. Porque no tenemos un sumo sacerdote que no pueda compadecerse de nuestras debilidades, sino uno que fue tentado en todo según nuestra semejanza, pero sin pecado. Acerquémonos, pues, confiadamente al trono de la gracia, para alcanzar misericordia y hallar gracia para el oportuno socorro (He. 4:14-16).

En tiempos de gran preocupación y cambios desestabilizadores, nuestro gran Sumo Sacerdote no va a dejarnos. Y hoy, en el cielo, Él continúa sirviéndonos, representándonos delante del Padre cuando confesamos nuestros pecados, y representando al Padre ante nosotros para concedernos la misericordia y la gracia que necesitamos. Todo ello, gracias al sacrificio que Él hizo por nosotros en la cruz, el cual es suficiente una vez y para siempre.

Comprender la constancia de Cristo, ¿cómo te ayuda a enfrentar los cambios indeseables en nuestro mundo y en tu vida?

¿Qué efecto tiene en tu vida el ministerio permanente de Cristo como Sumo Sacerdote?

Padre, te doy gracias porque en Cristo tengo un Sumo Sacerdote sin pecado e inmutable en los cielos. Gracias por aceptar su sacrificio por mi pecado. Y gracias porque he recibido acceso permanente a tu presencia a través de su ministerio sacerdotal permanente a mi favor. ¡Aleluya!

AMÉN.

Día 49

El que necesitamos hoy

La obra continua de Cristo, Parte 2

Cristo, sumo sacerdote de los bienes venideros.

—HEBREOS 9:11

¿Te has sentido alguna vez anquilosado o paralizado en tu vida espiritual? Sin duda, todos hemos tenido alguna vez esa experiencia. Y una de las razones por las que sucede, creo yo, es que perdemos de vista lo que Jesús hace por nosotros en este momento desde su trono exaltado en el cielo.

Sabemos, por ejemplo, que

- *Él está preparando un lugar para nosotros.* Aunque no sabemos con exactitud cómo será ese "lugar", si Jesús es el que lo está preparando para nosotros (como prometió en Juan 14:2), debe ser maravillosamente indescriptible.
- *Él está gozando de una comunión cercana y amorosa con su Padre.* Los creyentes, cuya vida dice la Biblia que está "escondida con Cristo en Dios" (Col. 3:3), espiritualmente formamos parte, junto con Él, de ese círculo de comunión eterna.
- *Él está guiando a su iglesia.* Como "la cabeza del cuerpo" (Col. 1:18) que reina, Él está caminando "en medio de los siete candeleros" (Ap. 1:13) en pleno ejercicio de su poder y autoridad, protegiendo y purificando a su pueblo que lo representa y lo sirve aquí en la tierra.

Es importante recordar que Jesús no es un gobernante distante y lejano que nos mira desde el cielo completamente desconectado de nuestra experiencia aquí abajo en la tierra. Él es activo y comprometido, observa, guía, suministra y provee. Y en su papel de Sumo Sacerdote, que cumplió perfecta y permanentemente por medio de su sacrificio por nuestros pecados, Él continúa sirviéndonos cada día y supliendo las necesidades más profundas de nuestro corazón.

¿Cómo lo hace? Para empezar, Jesús es nuestro *Mediador* ante el Padre. Un mediador es alguien que interviene poniéndose en medio de dos partes en disputa. No te equivoques, todos venimos a este mundo en un estado de conflicto irreconciliable con Dios. De hecho, como pecadores éramos sus "enemigos" (Ro. 5:10).

Nuestro Salvador no pertenece al tiempo pasado. Él no nos ha dejado aquí para languidecer hasta que al fin decida rescatarnos de este desastre terrenal y nos arrebate para ir al cielo. Jesús está obrando ahora mismo.

A pesar de todo, hay esperanza, y solo *una* esperanza: "un solo mediador entre Dios y los hombres, Jesucristo hombre" (1 Ti. 2:5). Solo Jesús puede resolver la disputa que existe entre nosotros y el Padre. El que "se dio a sí mismo en rescate por todos" (v. 6) es el único que posee las credenciales, por ser a la vez Dios y hombre, para ser el Mediador que necesitamos con tanta urgencia.

Él no solo medió por nosotros subsanando el abismo imposible que existía entre nosotros y el Padre. Él *continúa* mediando por nosotros hoy cuando, aun siendo creyentes, elegimos distanciarnos de Dios en lugar de buscar estar en paz con Él. Jesús sigue siendo nuestra justicia, nuestro único Mediador, la fuente de nuestra salvación y el único camino para restaurar nuestra comunión ininterrumpida con Dios.

Jesús también es nuestro *Abogado* con el Padre. Nuestra vergüenza y nuestra culpa pueden ser acusadores implacables, que Satanás mismo instiga:

> ... el acusador de nuestros hermanos, el que los acusaba delante de nuestro Dios día y noche (Ap. 12:10).

Por supuesto, si no hubiéramos pecado, si ninguna evidencia pudiera presentar el enemigo para respaldar esas acusaciones, bien podríamos desecharlas como falsas. Pero lo cierto es que *hemos* pecado y *pecamos*, a pesar de que las Escrituras nos han revelado cómo guardarnos del pecado y que hemos recibido el poder diario del Espíritu para hacerlo. Con todo, la Palabra de Dios nos asegura que "si alguno hubiere pecado, abogado tenemos para con el Padre, a Jesucristo el justo" (1 Jn. 2:1), quien en todo tiempo es el abogado defensor de nuestro caso ante el Padre. Lo que Él pide no es clemencia, para pedir a Dios que retenga el castigo justo contra los pecados que merecen el juicio. La defensa de Cristo por nosotros es una apelación a la justicia que se basa en el hecho de que "él es la propiciación por nuestros pecados" (v. 2). Sí, nosotros *deberíamos* morir por nuestros pecados, pero Jesús ya murió por ellos. El castigo fue pagado. Nuestro expediente está limpio. Nuestro Abogado nunca dejará de defender y ganar nuestro caso.

Además de lo anterior, Jesús *intercede por nosotros* ante el Padre. Pienso en Él como mediador y defensor, y lo mucho que necesitamos de Él para esas cosas. Aun así, ¿qué podría ser más valioso y personal para nosotros que saber que Jesús está en el cielo orando por nosotros, rogando por nosotros, intercediendo por nosotros?

"¿Quién es el que condenará? Cristo es el que murió; más aun, el que también resucitó, el que además está a la diestra de Dios, el que también intercede por nosotros" (Ro. 8:34). De hecho, Jesús está "*viviendo siempre* para interceder" (He. 7:25) por nosotros. Cuando fallamos, cuando batallamos, cuando dudamos, cuando estamos necesitados, nuestro Sumo Sacerdote mismo, que ofreció su vida por nuestros pecados, está *siempre* orando por nosotros. Y puesto que Él vive para interceder por nosotros, nunca vamos a enfrentar un día que no podamos soportar.

Como escribió Oswald Chambers:

> No existe problema personal para el que Él no ofrezca solución, ni enemigo del cual no pueda librarnos, ni pecado del

cual no pueda liberarnos, porque Él vive para siempre para interceder por nosotros.[41]

Nuestro Salvador no pertenece al tiempo pasado. Él no nos ha dejado aquí para languidecer hasta que al fin decida rescatarnos de este desastre terrenal y nos arrebate para ir al cielo. Jesús está obrando ahora mismo. Él está obrando en este instante. Está obrando por ti, por mí. Está haciendo la obra que necesitamos, la que ningún otro podría jamás hacer por nosotros.

¿Cómo sería nuestra vida si Jesús fuera insensible, estuviera desconectado o no estuviera disponible para atender nuestras necesidades?

¿En qué áreas dependes más de que Jesús interceda por ti y te defienda? ¿De qué manera te ayuda y te anima saber que Él está activo defendiéndote y orando por ti?

Gracias, Señor, porque ahora mismo en el cielo tengo un Mediador. Ahora mismo tengo un Abogado. Ahora mismo me beneficio de un ministerio de intercesión que dirige Aquel que ruega y pelea por mí, con más vehemencia y eficacia de lo que yo podría jamás hacerlo por mí mismo. Gracias, Señor Jesús, porque nunca te das por vencido conmigo, porque nunca dejas de obrar por mi bien. Te necesito y te amo.

AMÉN.

Día 50

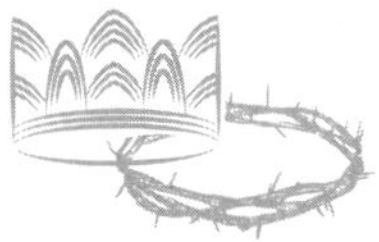

Hasta que Él venga

La segunda venida de Cristo

Este mismo Jesús, que ha sido tomado de vosotros al cielo, así vendrá como le habéis visto ir al cielo.

—HECHOS 1:11

Hemos llegado al final de nuestras reflexiones acerca del incomparable Jesús. Espero que lo hayas conocido más personalmente, hayas confiado en Él más profundamente, lo hayas adorado más sinceramente y amado más fervientemente. Al llegar a nuestra última lectura, oro para que crezca tu anhelo por lo que Él tiene todavía preparado.

Hemos visto a Jesús preexistente. Lo hemos visto encarnado. Lo hemos visto como niño y como hombre. Lo hemos visto vivir, morir y volver a vivir. Y lo hemos visto volver a vivir para siempre con el Padre en el cielo, donde nos defiende e intercede por nosotros. Nuestro cuadro de Jesús está casi terminado, pero aún falta. El toque final, el punto culminante de la vida de Cristo todavía está por suceder en el futuro.

Es su Segunda Venida.

Cuando el general Douglas MacArthur tuvo que abandonar Filipinas a principios de la Segunda Guerra Mundial para escapar de la ofensiva japonesa, dio un breve discurso que terminó con la frase que lo hizo célebre: "Volveré". Dos años más tarde, el general MacArthur cumplió su promesa y regresó a Filipinas victorioso.

Hace dos mil años, el Señor Jesús, el gran General de nuestra fe, dejó este mundo en medio de un combate muy reñido. Cuando se fue, también prometió: "Volveré". Esta esperanza de una "segunda venida"[42] sostuvo a los creyentes del primer siglo en medio de intensas amenazas y persecuciones y, desde entonces, a generaciones de seguidores de Cristo que han encontrado aliento y consuelo en su promesa "vengo pronto" (Ap. 22:12), incluso (¡especialmente!) cuando parece que el enemigo logra prevalecer.

No sabemos con exactitud cuándo regresará nuestro Salvador (Mt. 24:36), pero sabemos que ese día viene, ¡y sabemos que será glorioso!

Antes de concluir nuestro tiempo juntos, consideremos las diferencias entre la segunda venida y la primera venida de Jesús:

- Vino a la tierra la primera vez como bebé, nacido en el tiempo y el espacio, pequeño y débil. Regresará por segunda vez como el Rey eterno, poderoso en fuerza y gloria.
- Cuando vino la primera vez, cubrió y ocultó su gloria. Cuando venga por segunda vez, su gloria brillará con gran resplandor.
- Su primera venida fue discreta. Solo fueron testigos de ella sus padres terrenales, algunos animales, un puñado de pastores, y casi nadie reconoció quién era. En su segunda venida, todo ojo le verá y sabrá exactamente quién es Él.
- En su primera venida, hombres pecadores lo juzgaron y condenaron a morir. Cuando regrese, vendrá como Juez para ejecutar justicia y juicio contra todas las personas que se negaron a arrepentirse de sus pecados.
- Él vino primero como Varón de Dolores. Regresará por segunda vez como Dios Todopoderoso.
- En su primera venida entró en Jerusalén montado en un humilde asno. Cuando regrese, vendrá montando en un majestuoso caballo blanco.
- Cuando vino la primera vez, solo unas pocas personas se arrodillaron para rendirle homenaje. Cuando regrese, toda rodilla se doblará y toda lengua confesará que Él es Señor.
- Vino la primera vez para morir. La segunda vez vendrá para reinar.

- La primera vez vino como un siervo humilde. La segunda vez vendrá como Capitán de las huestes celestiales.
- La primera vez vino para llevar una corona de espinas. Cuando regrese, será coronado con muchas coronas.
- Vino la primera vez para hacer la paz entre Dios y el hombre. Cuando regrese, hará guerra contra aquellos que se han rebelado contra Él.
- Vino la primera vez como nuestro Salvador sufriente. Regresará como nuestro Señor soberano que reina.

¡Qué día será aquel! Cuánto anhela mi corazón aquel día. ¿Lo anhelas tú también? Sin embargo, ¿cómo debemos vivir cuando su regreso nos parece tan lejano que podemos olvidarlo fácilmente?

La Palabra de Dios nos da órdenes muy claras de lo que debemos hacer entre tanto que esperamos el cumplimiento de su promesa. Estamos llamados a

- estar alerta y velar, esperando con ansias su regreso, que puede suceder en cualquier momento (2 P. 3:12-13);
- mantener nuestros corazones sin apego por el mundo (2 Ti. 4:8);
- esforzarnos por vivir santamente (1 Jn. 3:3);
- servirlo con celo y fidelidad hasta su regreso (Lc. 12:43).

No sabemos con exactitud cuándo regresará nuestro Salvador, pero sabemos que ese día viene, ¡y sabemos que será glorioso!

"La esperanza bienaventurada" (Tit. 2:13) del regreso de Cristo nos fortalecerá y sustentará cada día fatigoso en esta vida, porque "ahora está más cerca de nosotros nuestra salvación que cuando creímos" (Ro. 13:11).

Entre tanto, con paciencia "nosotros esperamos, según sus promesas, cielos nuevos y tierra nueva, en los cuales mora la justicia" (2 P. 3:13). Entonces veremos su rostro y allí lo adoraremos y serviremos para siempre.

Nuestro Jesús.

Nuestro Jesús *incomparable*.

Lee Apocalipsis 11:15 y medita en sus palabras triunfantes. ¿Qué anhelas ver por encima de todo en aquel día cuando "los reinos del mundo" vendrán a ser "de nuestro Señor y de su Cristo" (Ap. 11:15)?

La Biblia nos insta a "[alentarnos] los unos a los otros" (1 Ts. 4:18) con recordatorios del regreso de Cristo. ¿A quién puedes bendecir hoy recordándole esa promesa maravillosa?

Señor, tú eres verdaderamente incomparable. Tú nos bendices de principio a fin, amándonos y proveyendo todo lo que necesitamos. Tú nos reconfortas con tu misericordia, así como nos asombras con tu poder. Gracias por venir a nosotros y por revelarte a nosotros. Te pido que uses mi vida para dar a conocer tu grandeza a otros y que puedan también ver, creer y adorar.

AMÉN.

Agradecimientos sinceros

Como sucede con cada libro, muchos amigos y colegas me han acompañado en este viaje de escribir el libro que tienes en tus manos. Y, como de costumbre, el camino ha sido más largo y arduo de lo que la mayoría de nosotros habíamos previsto, si bien las alegrías no han faltado. Mi corazón está lleno de gratitud por cada persona que me ha ayudado a hacer posible que tú pases estos "cincuenta días con Jesús". Entre ellas...

Lawrence Kimbrough organizó hábilmente y redactó el contenido para mi enseñanza acerca de este tema, mientras que **Anne Christian Buchanan** trabajó pacientemente conmigo una y otra vez (¡y una más!) en la edición minuciosa. Son el equipo soñado de un escritor. Son siervos humildes y dotados que conocen y aman las Escrituras bien y cuyas huellas aparecen en cada página de este libro. Ustedes merecen un reconocimiento y un aplauso mucho mayor de lo que ofrece este lado del cielo. Aquel que vigila estas cosas lo sabe y Él les dará su recompensa. No podría estar más agradecida por la incansable labor que hicieron con un corazón gozoso.

Dr. Chris Cowan revisó amablemente docenas de preguntas específicas para garantizar la solidez bíblica y teológica. Sus aportes atentos y cuidadosos fueron invaluables.

Si no me equivoco, este es el libro número veintitrés que el equipo de **Moody Publishers** y yo hemos preparado juntos en tantos años. ¡Qué bendición ha sido servir juntamente con estos amigos! Cuando empezamos no podríamos haber imaginado todo el fruto que produciría esta colaboración ministerial.

Los esfuerzos discretos tras bambalinas de **Erik Wolgemuth**, mi agente, nos han mantenido a todos avanzando en la misma dirección y nos han ayudado a llegar juntos al destino. Eres un gran regalo, Erik.

A mi precioso esposo **Robert Wolgemuth**, ¿qué puedo decir? Tu aliento, sabiduría, amor y oraciones significan para mí mucho más de lo que puedas imaginar. Te amo.

Por último, a mi incomparable **Señor Jesús:**

Eres el más hermoso de los hijos de los hombres;
La gracia se derramó en tus labios;
Por tanto, Dios te ha bendecido para siempre.
Ciñe tu espada sobre el muslo, oh valiente,
Con tu gloria y con tu majestad.
En tu gloria sé prosperado;
Cabalga sobre palabra de verdad, de humildad y de justicia,
Y tu diestra te enseñará cosas terribles
(Sal. 45:2-4).

Mi amado es... Señalado entre diez mil...
Su paladar, dulcísimo, y todo él codiciable.
Tal es mi amado, tal es mi amigo,
Oh doncellas de Jerusalén
(Cnt. 5:10, 16).

Libros de Nancy DeMoss Wolgemuth publicados por Portavoz

Adornadas: Viviendo juntas la belleza del evangelio

La apariencia

Atrévete a ser una mujer verdadera (editora general)

Biblia devocional Mujer Verdadera (editora general)

El cielo gobierna

Confía en Dios para escribir tu historia (coautora)

Contracultural: El llamado de la mujer verdadera

En busca de Dios

En la quietud de su presencia

Escoge agradecer

Escoge perdonar

La gratitud y el perdón

Incomparable

La libertad del perdón

El lugar apacible

Mentiras que las jóvenes creen (coautora)

Mentiras que las jóvenes creen, Guía de estudio (coautora)

Mentiras que las mujeres creen

Mentiras que las mujeres creen, Guía de estudio

Mujer Verdadera 101: Diseño Divino (coautora)

Mujer Verdadera 201: Diseño Interior (coautora)

Quebrantamiento: El corazón avivado por Dios

Rendición: El corazón en paz con Dios

Santidad: El corazón purificado por Dios

Notas

1. Samuel Stennett, "Majestic Sweetness Sits Enthroned", 1787, www.hymnal.net/en/hymn/h/177.
2. Isaac Ambrose, *Looking unto Jesus: A View of the Everlasting Gospel; or, The Soul's Eying of Jesus, as Carrying on the Great Work of Man's Salvation, from First to Last* (Glasgow: John Knox, 1758), vi.
3. John Stott, *The Radical Disciple: Some Neglected Aspects of Our Calling* (Downers Grove, IL: InterVarsity, 2010), 20.
4. Publicado por primera vez en 1925, el libro sigue disponible en una edición de Moody Classics: Oswald Sanders, *The Incomparable Christ*, Moody Classics (Chicago: Moody Publishers, 2009). Publicado en español por Andamio con el título *Cristo, el incomparable.*
5. S. M. Lockridge (1913-2000), "That's My King", de un sermón predicado muchas veces, en muchos lugares y en muchas versiones. Este de 1976 está citado en Justin Taylor, "Well, I Wonder If You Know Him", blog, The Gospel Coalition, 9 de abril de 2009, https://www.thegospelcoalition.org/blogs/justin-taylor/well-i-wonder-if-you-know-him/.
6. John Flavel, "Christ Altogether Lovely", SermonIndex.net, www.sermonindex.net/modules/articles/index.php?view=article&aid=2927.
7. Wayne Grudem, *Systematic Theology: An Introduction to Biblical Doctrine*, 2.ª ed. (Grand Rapids, MI: Zondervan Academic, 2020), 700. Publicado en español por Vida con el título *Teología sistemática: Introducción a la doctrina bíblica.*
8. *The Infancy Gospel of Thomas*, en *The Apocryphal New Testament: A Collection of Apocryphal Christian Literature in an English Translation based on M. R. James*, ed. J. K. Elliott (Nueva York: Oxford University Press, 1993), 68-83. Puedes leer la traducción de 1924 de M. R. James en www.gnosis.org/library/inftoma.htm.
9. G. Campbell Morgan, *The Gospel According to Luke*, G. Campbell Morgan Reprint Series (Eugene, OR: Wipf and Stock, 1931, 2010), 46 (Lc. 2:40-52).
10. J. Oswald Sanders, *The Incomparable Christ*, Moody Classics (Chicago: Moody Publishers, 2009), 70.
11. Matthew Vanatta, "Books That Have Sold Over 50 Million Copies", Stacker, 1 de agosto de 2019, https://stacker.com/stories/204/books-have-sold-over-50-million-copies.

12. Dan Brown, *The Da Vinci Code* (Nueva York: Doubleday, 2003), 233. Publicado en español por Planeta con el título *El código Da Vinci.*
13. Arthur W. Pink, *Gleanings in the Godhead* (Chicago: Moody Press, 1975), 149.
14. David Mathis, "His Scars Will Never Fade: The Wounds Christ Took to Heaven", Desiring God, 18 de mayo de 2019, https://www.desiringgod.org/articles/his-scars-will-never-fade. Ver también Randy Alcorn, "Why Does Jesus Have Scars on His Resurrection Body? Will They Be Permanent?", Eternal Perspective Ministries, 18 de junio de 2020, www.epm.org/resources/2020/Jun/18/Jesus-scars-resurrection.
15. Matt Perman, "How Can Jesus Be God and Man?", Desiring God, 5 de octubre de 2006, www.desiringgod.org/articles/how-can-jesus-be-godand-man.
16. Cultural Research Center, "American Worldview Inventory 2020-At a Glance", Arizona Christian University, 21 de abril de 2020, https://www.arizonachristian.edu/wp-content/uploads/2020/04/CRC-AWVI-2020-Release-03_Perceptions-of-God.pdf.
17. Andrew Murray, *Humility: The Beauty of Holiness* (Londres: James Nisbet & Co., 1896), 12.
18. Sanders, *Incomparable Christ*, 186.
19. James Stalker, *Pulpit Legends: Studies on the Person of Christ* (Chattanooga, TN: AMG Publishers, 1995), 194-95.
20. La *pasión* es un término usado tradicionalmente para referirse al sufrimiento y la muerte de nuestro Salvador.
21. John Piper, *Don't Waste Your Life* (Wheaton, IL: Crossway, 2003), 40. Publicado en español por Portavoz con el título *No desperdicies tu vida.*
22. Spiros Zodhiates, *The Complete Word Study: New Testament* (Chattanooga, TN: AMG Publishers, 1991), 868.
23. David Harsha, *The Star of Bethlehem: A Guide to the Savior* (Argyle, NY: 1863), capítulo 6, "The Crucifixion", consultado en Grace Gems, www.gracegems.org/BOOKS/star06.htm.
24. Matthew Henry, *Matthew Henry's Commentary on the Whole Bible*, vol. 5, Matthew to John (Old Tappan, NJ: Revell, s.f., publicado originalmente en 1896), 826.
25. El discípulo "al que Jesús amó" se menciona cinco veces en el Evangelio de Juan (y solo en ese evangelio) 13:23, 19:26, 20:2, 21:7, 21:20. Aunque las Escrituras nunca identifican al discípulo por nombre,

conforme a la tradición eclesial más temprana se ha creído por regla general que se trata del apóstol Juan, hijo de Zebedeo, hermano de Jacobo y autor del Evangelio de Juan y del libro de Apocalipsis.

26. Las horas se basan en los relatos de los Evangelios, según lo cual: Jesús fue crucificado a la "hora tercera", descendieron tinieblas a la "hora sexta" y Él murió alrededor de la "hora novena" (Mr. 15:25-34; Mt. 27:45; Lc. 23:44). Las horas corresponden aproximadamente a las 9 de la mañana, las 12 del mediodía y las 3 de la tarde. Sin embargo, hay que tener en cuenta que las referencias de tiempo en los Evangelios no son necesariamente precisas. (¡La gente no usaba relojes en aquel entonces!). La "hora tercera" se refiere probablemente a un cuarto del día alrededor de las 9 de la mañana; en otras palabras, a media mañana, y los otros acontecimientos describían lo sucedido alrededor del mediodía y a media tarde. Para más información acerca de esto, ver Andreas J. Köstenberger y Justin Taylor, *The Final Days of Jesus: The Most Important Person Who Ever Lived* (Wheaton, IL: Crossway, 2014), 142-43.

27. William Barclay, *Barclay's Daily Study Bible*, cap. 18, comentario sobre Juan 18:1-11, StudyLight, https://www.studylight.org/commentaries/eng/dsb/john-18.html.

28. Elizabeth Barrett Browning, "Cowper's Grave", en *The Seraphim, and Other Poems* (Londres: Saunders and Otley, 1838), 352.

29. Charles H. Spurgeon, "Psalm 22", en *The Treasury of David*, The Spurgeon Archive, https://archive.spurgeon.org/treasury/ps022.php.

30. El hombre a quien se atribuye esa afirmación es Cecil Rhodes, un "financiero, estadista y creador de imperios en la Sudáfrica británica". El estado sudafricano de Rodesia, que corresponde actualmente a los países de Zimbabwe y Zambia, recibió su nombre de él, al igual que la beca Rhodes (ver "Cecil Rhodes Summary", *Encyclopedia Britannica*, www.britannica.com/summary/Cecil-Rhodes). La cita es de Lewis Michell, *Life of Rhodes* (1910), vol. 2, cap. 39, citado en *Oxford Essential Quotations*, ed. Susan Ratcliffe, 5.ª ed. (2017), Oxford Reference, www.oxfordreference.com/display/10.1093/acref/978 0191843730.001.0001/q-oro-ed500008802;jsessionid=43E9C7B-B23A1E3076567F28A4E8B64BA.

31. Ray Pritchard, "The Meaning of Tetelestai—'It Is Finished'", Christianity.com, 17 de enero de 2022, https://www.christianity.com/jesus/death-and-resurrection/last-words/what-was-finished.html.

32. *Vine's Expository Dictionary of New Testament Words*, s.v. "Strong's G5055

teleo", Blue Letter Bible, www.blueletterbible.org/search/dictionary/viewtopic.cfm?topic=VT0000021.

33. Frederick W. Krummacher, *The Suffering Saviour*; or, *A Series of Devotional Meditations*, tr. Samuel Jackson (Boston: Gould and Lincoln, 1856), 428-29. Recomiendo la edición reimpresa publicada por Banner of Truth Trust (2004).

34. Charles H. Spurgeon, "Christ's Dying Word for His Church", sermón predicado el 3 de noviembre de 1889, *Metropolitan Tabernacle Pulpit Volume 40*, Spurgeon Center for Biblical Preaching at Midwestern Seminary, www.spurgeon.org/resource-library/sermons/christs-dying-word-for-his-church/#flipbook.

35. Charles Wesley, "Christ the Lord Is Risen Today", 1739, Hymnary.org, https://hymnary.org/text/christ_the_lord_is_risen_today_wesley.

36. F. B. Meyer, *Love to the Uttermost*, citado en Sanders, *Incomparable Christ*, 295.

37. Charles Wesley, "Love's Redeeming Work Is Done", Hymnary.org, https://hymnary.org/text/loves_redeeming_work_is_done_fought.

38. Alfred Edersheim, *The Life and Times of Jesus the Messiah*, vol. 2 (Londres: Longman's, Green, and Co., 1883), 609, https://books.google.com/books?id=VJUHAAAAQAAJ.

39. Phillips Brooks, "Immortality", sermón 9 en *The Spiritual Man and Other Sermons*, 3.ª ed. (Londres: R. D. Dickson, 1895), 152, cursivas añadidas.

40. Charles H. Spurgeon, *Commentary on Matthew:* The *Gospel of the Kingdom*, Matthew 27:50, Spurgeon Gems, www.spurgeongems.org/chs_matthew.pdf. Nota: Este comentario se publicó originalmente en 1893 (poco después de la muerte de Spurgeon) bajo el título *The Gospel of the Kingdom*.

41. Sanders, *Incomparable Christ*, 345.

42. La palabra *adviento* significa simplemente "llegada" o "venida". Muchos cristianos usan la palabra para referirse a las cuatro semanas anteriores a la Navidad, que se centran tradicionalmente no solo en la primera venida de Jesús a la tierra como niño, sino también en su segunda venida.

El cielo gobierna es la respuesta de tres palabras para cada preocupación. La promesa que necesitamos para cada ola de problemas, cada asalto a nuestra paz mental. Utilizando el libro y el ejemplo de Daniel como guía, la autora Nancy DeMoss Wolgemuth revela cómo ver nuestras vidas y el mundo a través de la lente del gobierno del cielo puede protegernos del pánico y darnos esperanza y perspectiva renovadas.

El lugar apacible
366 lecturas devocionales
NANCY LEIGH DEMOSS

NUESTRA VISIÓN

Maximizar el efecto de recursos cristianos de calidad que transforman vidas.

NUESTRA MISIÓN

Desarrollar y distribuir productos de calidad —con integridad y excelencia—, desde una perspectiva bíblica y confiable, que animen a las personas a conocer y servir a Jesucristo.

NUESTROS VALORES

Nuestros valores se encuentran fundamentados en la Biblia, fuente de toda verdad para hoy y para siempre. Nosotros ponemos en práctica estas verdades bíblicas como fundamento para las decisiones, normas y productos de nuestra compañía.

Valoramos la excelencia y la calidad
Valoramos la integridad y la confianza
Valoramos el mérito y la dignidad de los individuos y las relaciones
Valoramos el servicio
Valoramos la administración de los recursos

Para más información acerca de nuestra editorial y los productos que publicamos visite nuestra página en la red: www.portavoz.com